>> Ob das mein Motorrad sei, fragt ein rötlicher Backenbart von rechts und sieht mir lächelnd in die Augen. Ja. Es sei eine Kawasaki, und sein strammer Bierbauch schüttelt sich im Erstaunen, dass dies doch keine Zweitackt-Rennmaschine sei. Nein, die Zeiten seien vorbei, und Kawa baue den Typ seit 1999, und ich meine, die machen ihren Job sehr gut. Ohne Zweifel, antwortet er und sagt dann etwas, was sich vielleicht auf die Königswelle bezieht.

Am Samstag sei ein Fest hier im Dorf. With life-music and many acts. Ob ich dann noch in der Gegend sei. Ich möge mal kurz auf seine Sachen aufpassen, die er auf den Brunnenrand legt, und er verschwindet in die nächste Straße.

Dann kommt er mit einer Zeitung wieder, erklärt mir seitenknisternd die Events, kommentiert die Bands, und ich nicke dann am dollsten, wenn ich sein Englisch nicht verstehe. Er reicht mir die Hand, daraufhin die Zeitung und wünscht mir einen schönen Tag. Im Weggehen dreht er sich noch mal um mit der Bitte, vorsichtig zu fahren. Und fort ist er. <<

Laurids Anders, 1959 in Berlin geboren, verbrachte seine Jugendjahre in Siegen/ Westfalen. Er studierte in Freiburg Medizin und ist seit 1989 in einem Hamburger Krankenhaus als Arzt tätig.

LAURIDS ANDERS

SÜDENGLANDS ENDE

Reiseerzählung

© 2012 Laurids Anders

Illustration: Laurids Anders
Fotografien: Laurids Anders
Umschlagsgestaltung: Laurids Anders
www.laurids-anders.de

Herstellung und Verlag: BoD – Books on Demand

ISBN: 978-3-8482-2608 -5

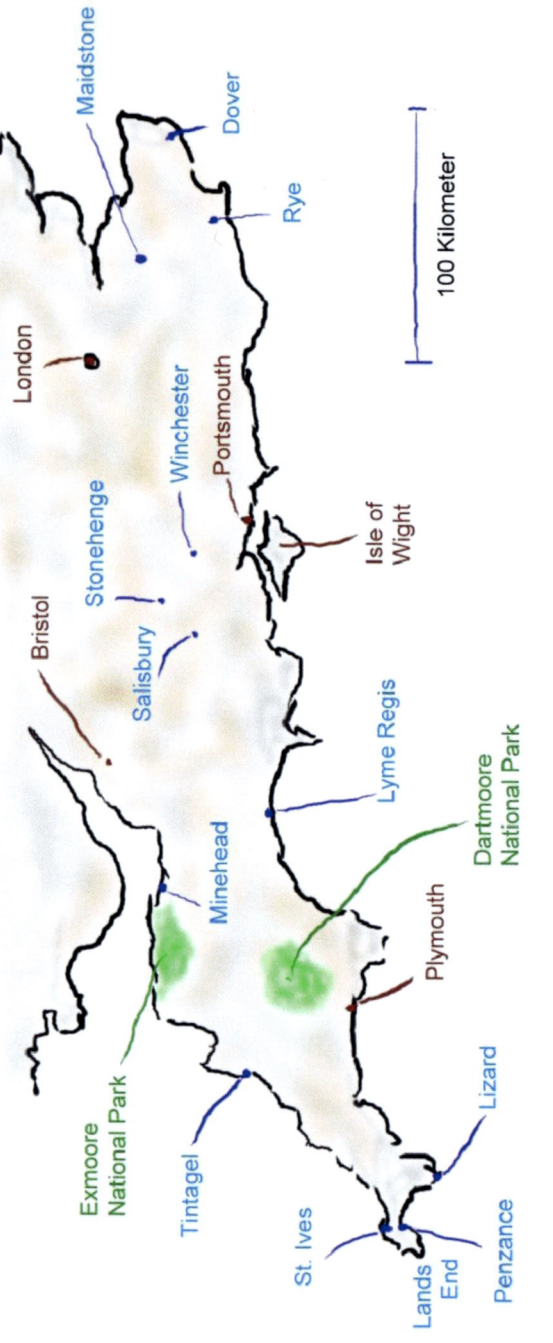

Vorwort

Die vorliegende Reiseerzählung hat sich so wie beschrieben zugetragen und ist keine Fiktion. Auch wenn manche beteiligte Akteure in der Erzählung einen anderen Namen erhalten haben, sind Orte und B&Bs authentisch geblieben.

Die Erzählung nimmt die Route Südengland entgegengesetzt zum Uhrzeigersinn, was eigentlich anders geplant, aber letztlich eine gute Entscheidung war. So hatte ich bei schönem Wetter gute Motorradwege am Meer.

Wenn mich jemand fragt, ob ich Südengland nochmals in dieser Art erfahren wolle, würde ich sofort mit einem ‚Ja' antworten. Von den insgesamt 4.000 zurückgelegten Kilometern fuhr ich 2.500 in England. Und diese Kilometer waren ungehetzt, mit Zeit, mit Weile und Ruhe. Und oft auch verbunden mit spontanen Verlängerungen vor Ort.

Ist dieses Buch ein Reiseführer? Nicht wirklich. Und vielleicht doch. Aber nicht in einer Weise, dass Hotels, Unterkünfte, bestes Essen und Sehenswürdigkeiten tabellarisch aufgeführt werden. Nein, eher in der Art, dass man - oder jeder selbst - die Zuversicht haben kann, auch in der ‚Fremde' nicht allein zu sein. Communication helps.

Meine Motto, was mich oft genug grinsen ließ, heißt: Mal seh'n, was geht.

29.06.2012. Hamburg

Der Vorgarten trocknet langsam in schwülem Dunst. Innenhof mit junger Birke. Die grauen Stühle und der Marmortisch vor mir hellen auf.

Das Zwitschern der Vögel erstummte vorhin. Dicke Tropfen platschten auf die Bohlen der Veranda, der Himmel dunkel. Und angenässt ging ich ins Haus.

Drinnen waren die Fenster gekippt, ließen die Vorgewitterwärme angenehm ins Haus nach so vielen kalten Frühsommertagen. Ich ging in die Küche und schaute durchs Fenster hinaus links ins Carport: Hinter lauten Regengardinen steht das Motorrad. Ruht seit ein paar Tagen, schlank in grün.

Die letzten Tropfen sind gefallen. Das wars erstmal. Blumentöpfe stehen in regenvollen Untersetzern auf den Stufen, und hemdsärmelig unterm Balkon schreibe ich diese Zeilen. Schöne Luft jetzt, kühler nach dem Regen. Amseln erzählen wieder fleißig dem unscheinbar bedeckten Himmel. Oder doch einer weit entfernten anderen die Geschichten des Tages? Dann Zarrzarrzaarr-Geschnatter mit Flügelschlagen ziehen tief die Krähen zu ihren Baumgelagen nach Süden.

Ich will in 12 Tagen mit dem Motorrad durch England fahren. Das hier ist der Anfang meiner Reiseerzählung. Aufgeregtes Kribbeln im Bauch wieder. Und das hört kaum auf.

Letzte Woche war ich mit meiner Tochter beim Outdoor-Laden in Hamburg um ihr als Anerkennung für das Abitur ein 'Zelt fürs Leben' zu kaufen. So haben wir es auf jeden Fall genannt. Und wir haben vereinbart, dass ich es ausleihen dürfe. Freude mit schönem Grün und Innenrot kam nach Hause. Und beide waren wir mächtig stolz. Ein wasserdichter Sack dazu, da soll das drin sein. Für hinten über die Sitzbank.

29.06. Freitag

Der große schwarze Sack liegt auf dem Dielenboden. Ich hebe seine Öffnung leicht bei der Kunststofflippe und schiebe das Zelt hinein. Dann Isomatte und das Anglerdreibein. Und Schlafsack stopft den Sack zu einer riesigen schwarzen Wurst. 79 Liter sollen sie fassen. Auf den Boden gestellt, rolle ich den Falz und klacke die Enden des Verschlusses ineinander.

Dann einmal hoch zum Wiegen: genau 10 Kilo. Trockengewicht. Ich nenne die Wurst ‚Das Haus‘. Es soll hinten über die Seitenkoffer mit Gummibändern geschnallt werden.

Die beiden Seitenkoffer muss ich mal aus dem Schuppen holen. Sie werden die Bedürfnisse des alltäglichen Seins aufnehmen: Kleidung, Sauberkeitsartikel, Elektrozeug, Bücher und ein Kopfkissen (das hat bei 'das Haus' leider keinen Platz mehr. Muss das Topcase doch mit?).

30.06. Samstag

Meine beiden sind jetzt seit drei Tagen in Island. Unglaublich, wie die Zeit vergeht. Diesigwetter im Norden der Insel, die Gegend schöner als der lang gehegte Traum. Ich lese heute Morgen die Zeilen, die meine kleine Große gestern Abend noch schrieb. Zwei Länderstunden sind sie später.

Die Katzen bleiben jetzt drin. Vielleicht können die heute Abend noch mal raus. Ich will gleich los, mit Freunden an die Ostsee: Fischbrötchen in Neustadt, mit dem Motorrad. Es ist schon elf.

02.07. Montag

18 Uhr schaue ich auf mein Handgelenk. „Das war mal dringend nötig", denke ich an den abgebrochenen Arbeitstag und den spontanen Entschluss, der Ungefährheit ein Ende zu setzen. Jetzt liegt mein Rucksack mit der Beute vor mir auf den Bohlen der Veranda. Die gefütterten Kater schwänzeln drum herum, schnuppern zweimal maunzig, und der graue schlüpft sich durchs Gebüsch zum Nachbarn.

Blumengießen mit dunkler Wolkenruhe. Der Orangekater wälzt sich auf den Dielen. Vogelsingen. Ich setze mich zur Sonne, die im Westen Himmelsbänder unterm Schwarz verflechtet.

Den Rucksack auf meinen Beinen greife die Mappen und Bücher auf den schwarzen Tisch. Landkarten von Südengland, ein Reiseführer und der Roman freudeln mich an. Seit Tagen gänsehautet mich mein Ungewiss - und jetzt liegt dieses Ungewiss rechts neben mir und wird wohl Wahrheit werden.

Gedanken schweifen zurück nach Norderstedt: Ich hatte meine W800 direkt vor dem Einkaufscenter abgestellt. Der Helm war - unglücklich geneigt gewesen? - neinein, der war auf meinem Kopf. Na - wie auch immer lag mein Handschuh auf dem Boden. Das wäre mir garnicht aufgefallen, wenn nicht der freundliche Christoph mich angesprochen hätte. Der sagt mir ein Hallo Andreas. Was ich denn hier mache. Ich wundere ihn an, ziehe den Helm vom Kopf, gebe Christoph die Hand, lächle ihm ein Dankeschön in die Augen. Die Handschuhe sammeln sich derweilen in den Helm.

Nach England wolle ich. Nein nicht jetzt hier. Hier sei ich wegen des ADAC da hinten. Die haben Karten.

Stirnrunzeln vorhin, und ich muss schmunzeln.

Ja, antworte ich, ein GPS gibts auch, aber ohne Kartenübersicht kann ich das Tagesziel nicht erkennen. Nickend erkundigt er sich nach meiner Begleitung, und er weiß im Augenblick, dass es einen Grund fürs Alleinefahren geben könnte.

„Allein", meint er, „geht so ein Abenteuer in Richtung Selbsterfahrung." Ich schürze die Lippen, blicke zu Boden und dann zu ihm auf: „Ich wusste das bisher zwar noch nicht. Aber wenn du das so sagst - ich glaube, da ist was dran." Christoph herzlich hob die Hand zum Abschied und ruft noch eine gute Reise in meinen Rücken.

Ich schaue nach oben. Der Himmel zeigt Blau unter einer zerklüfteten Wolkenlandschaft Südenglands. Träumereien - und dann wieder Garten vor mir. Rechts der Birke quillt Bambus unterm roten Haselnuss. Zu meiner Linken zeigt das Motorrad Profil. Ich muss es gleich noch auf dem Hauptständer um 180 Grad drehen und unters Carport bugsieren.

Ja - vielleicht wird meine Fahrt ein Insichkehren sein. „Seltsam", denke ich dann, „Christoph dort in Norderstedt, steht da vor mir wie abgesandt." Ja, vielleicht kennt er meine Absicht besser als ich. Selbsterfahrung, wie: Mal sehen, was geht. Oder: Ich bin ich und niemals direkt Du.

„Ich weiß mein Sein" und kenne doch nur das eigene, wie jeder nur sein eigenes Sein kennt.
„Mein Sein ist Aufmerksamkeit, die sich manchmal wundert oder staunt. Und wenn das Sein grinst, bin ich auf dem Weg das zu tun, was ich tun sollte. Wenn das Sein weint, habe ich meinem Außen weh getan. Manchmal weiß ich nicht einmal warum."

03.07. Dienstag
Mein neues Navi funktionierte nicht. Hatte es zurückgeschickt. Heute gibts Nachricht, dass das noch 10 Tage dauern kann. „Geht nicht", habe ich geantwortet. Mal sehen, was wird. Ohne Navi fahr ich nicht los.

Karten und Reiseführer: Ich habe einen neuen Plan: Will nicht Kilometer scheffeln, sondern Südengland kennen lernen. Ich streiche die Optionen Wales und Schottland aus meiner Zielvorstellung und konzentriere mich auf 'Cornwall & Südwestengland', so wie der Titel meines Reiseführers das jetzt von mir will.
Am 11. Juli werde ich zunächst Station in Siegen machen, alte Freunde besuchen. Landstraße - versteht sich. Am nächsten Tag gehts dann nach Calais, und weiter durch den Eurotunnel nach

Folkestone. Es wird Abend sein, wenn ich englischen Boden befahre. Und Unterkunft? Lässt sich nicht planen.

Bed & Breakfast kann sein. Ich würde erst mal Camping ansteuern wollen. Zelt, Schlafsack und Isomatte stelle ich mir gerade mal ausgesprochen gemütlich vor. Die Isomatte kann mit ihren acht Zentimetern Auflagehöhe einfach nur gut sein. Schmal, o.k.. Dann kommt aus meinem Gepäck noch was Weiches rechts unter meinen Ellbogen. Und dann ist gut.

05.07. Donnerstag.

Mail vom Navi: Es ist heute repariert auf den Weg gegangen. Na - das ist eine gute Nachricht.

Wo ist eigentlich meine Halterung, die ich mir hatte anfertigen lassen? Schreibtischschublade rechts, genau! Und dann in Zangen und Schlüssel gewühlt: kein Fund.

Egal. Dann soll die Post erstmal kommen.

Das Stromkabel muss ich noch legen. Aus der Lampe? Schaumama.

Soll ich das Topcase nun mitnehmen? Ist ja dann ne Menge Gepäck: Tankrucksack, Topcase, Seitenkoffer und ‚das Haus' quer drüber. Weiß noch nicht, werde am Samstag probepacken - und mir vorher noch drei weitere wasserdichte Beutel kaufen. Hätte dann sechs. England ist nun mal nass.

06.07. Freitag

Neuer Plan ohne Siegen. Ich fahre in erster Etappe nach Amsterdam. Und von dort aus am nächsten Tag nach Calais.

Das Wohnzimmer sortiert sich und offenbart seine Packbereiche. Wie gut, dass das scheinbare Durcheinander keinen stört: Um den linken Koffer liegen die Moppedsachen: Hosen, Werkzeug, Zweitschlüssel, Kettenspray. Um den rechten die Kulturgüter: Unterwäsche, Handtücher, Kulturbeutel und Hemden. Gut so. Die Elektronikabteilung kann ich noch nicht zuordnen.

07.07. Samstag

Keine Post mit Navi. Langsam mach ich mir Sorgen, ob ich denn den nächsten Mittwoch als Abfahrttag halten kann. Nee - ohne Navi fahr ich nicht.

Motorradausflug über Haseldorf nach Kollmar. Kurz hinter Haseldorf freue und scheue ich die schwarzen Wolken: Ich brauche einen Test mit dicken Tropfen und halte rechts in einem Bushäuschen. Die Gummihose aus dem Tankrucksack gezogen zuppel ich sie über die feuchte Hose. Der Tankrucksack soll jetzt mal zeigen, was er kann, und ich lasse die Überfalterung stecken.

Kollmar mit Fischbrötchen im Stehen. Der linke Stiefel knatscht sein Nass. Der soll definitiv nicht mit nach England (den rechten lass ich dann aber auch Zuhause).

Kauend schaue auf die orangeroten Bierbänke vor mir, die außer dicken Tropfen keine Gäste haben. Der Helm liegt neben mir im Gras. „Schwarzes Rund auf grünem Grund", drehe mich zur dunklen Elbe. „Jacke, Hose und Helm können so bleiben." Ich hab ja noch andere Moppedschuhe.

08.07. Sonntag

Offroad-Veranstaltung in Tensdorf. Meine Moppedfreundin Ute brütet mit mir in der Mittagshitze mit Schwindelattacken bei der Kiesgrube. Warum wir hier sind, wissen wir jetzt gerade nicht. Für das Vormittagsrennen ist es zu spät, und die Pause der Veranstalter bis nachher macht Unsinn. Dann ist es warum auch immer Zwei. Wir raffen uns auf zum Geknatter für die Siegerrunden im flirrenden Flug.

Auf dem Weiterweg nach Plön hängen dicke Wolken im Rücken. Kaffeetrinken mit böser Vorahnung an sehr ruhigem See.

Im Nachhauseweg lässt das Schwarz alle Massen los, und wir warten in einem Holzverschlag den Blitz weg.

Daheim angekommen schütte ich das Wasser aus den alternativen Stiefeln. Die kommen auch nicht mit nach England.

09.07. Montag

Markenstiefel stehen stolz bei all den anderen Sachen im Wohnzimmer. Ein schöner Anblick. Aber noch freudiger ist die gelbe Benachrichtigungskarte der Post in meiner Hand. Päckchen angekommen, Abholung morgen ab 17:00 Uhr (warum eigentlich dann erst?).

10.07. Dienstag

"Ist das Absicht oder Ignoranz?", denke ich, als die Frau der Poststation erst einmal meint, dass da kein Päckchen sei. Ach - sie müsse besser ordnen, stöhnt sie mich an und zieht den Hauptgewinn der kommenden Wochen.

Stunden dunkeln den Tag zur Nacht. Dann weiß ich: Das Navi funktioniert. Ich gehe an den offenen Koffern vorbei in die Küche, gebe den Katzen schnell Futter, sehe nach dem Wasser, öffne noch einmal die zweite Schublade unterm Schreibtisch - und tatsächlich, da ist sie, die Halterung. Ich hatte sie größer in Erinnerung und deshalb wohl übersehen. Das schwarzemaillierte Teil liegt kühl in meiner Hand. Haltebrücke, befestigt mit den Lenkerschrauben. Ja - das wird passen und dort klein und mittig seine Dienste tun.

Tief nimmt mich das Bett in seine Ruhe.

11.07. Mittwoch

Packen jetzt. Ich erinnere mich an gesterns Müdesein und blicke auf zehn Uhr. „Das will nun mal nicht früher werden", nehmen die wasserdichten Beutel Eins nach dem Anderen in sich auf. Dann schnappen die Koffer unter dem Druck meiner Knie ihr Schloss für fertig.

Innenhof. Das Gepäck sortiert vorm Carport, die Halterung ist am Mopped montiert. Meine Jacke hängt überm Gartenstuhl unter der Birke. Ich lege das Navi auf den Bistrotisch, stemme die Arme mit Hohlkreuz in die Taillen. Gleich geht's los.

Mir läuft der Schweiß die Stirn, und ich sehe nochmal in mich für Details. „Ich glaube, es ist alles gut", schließe ich die Haustür zu, knirsche den Schotterweg zurück ums Carport fürs Gepäck.

Die Seitenkoffer klacken ans Motorrad. Das Topcase hinten und der Tankrucksack schnallt vorn. Als letztes nehme ich ‚das Haus' mit Gummibändern auf die Sitzbank hinten.

Ich raste das Navi in die Halterung und schüttel den Kopf: „Nein - so seh ich das nicht hinter dem Tankrucksack." Also nochmal zurück die Haustüre aufgeschlüsselt zum Werkzeug im Keller. Wieder draußen setze ich die Halterung nach oben und lege den Imbus ins Topcase. Ich bin in Zeitverzug.

Autobahns Plan bis hinter Bremen mit Baustellengenerv. Das Motorrad liegt mit dem Gepäck sehr anfällig auf der Straße. Langsame Kurven wackeln mich, bei schnelleren scheine ich nicht schnell genug zu sein. Ich werd mich schon gewöhnen.

Gegenwind. Dauerhaft und heftig von südlichem Vorn. Bei Wildeshausen wechsel ich auf die Landstraße und komme über Lingen unbemerkt nach Holland: Straßenpoller häufen sich. Jede Ampel bremst mich ein. Dann kilometerlanges Überholverbot trotz Geradeaus. Jetzt kommt Regen auf mit dicken Wolken aus Südwest. Damit habe ich gerechnet. Und ich denke an meine Füße.

Klitschnass macht nichts, und doch schlägt allmählich die Fahrfreude in Ärger über, als schon wieder eine soeben grün gewordene Ampel mir die rote Zunge zeigt. Dauernd, unablässig rot. Immer kurz vorm Überqueren der Kreuzung. Und jede hat einen Starenkasten im Rücken.

Ich bin spät geworden, die Stürme lassen nicht nach. Und jetzt will ich das nicht mehr, will wieder auf die Autobahn und noch im Hellen ankommen. Also lege ich mich in den Wind und lasse mich gefühllos schütteln. Nach Amsterdam.

Das Navi hat mir mein Hotel gezeigt. Fußgängerzone mit Kopfsteinpflaster. Ich parke im Verbot, schiebe mein Bein über den Sattel.

CheckIn. Gepäck nach oben und das Mopped noch zehn Meter an die Seite geschoben. Kleinstes Hotelzimmer I've ever seen, aber mit Balkon (der nur durchs Fenster zu betreten ist).

Ausgegangen kurz und Essen im English-Pub. Regen treibt mich vom düsteren Palmenblick wieder ins Zimmer.

„Ich habe keine Muße für Amsterdam" stehe ich rauchend auf dem Balkon. „Schade", will ich nur noch schlafen.

Donnerstag

Der Bettrand gähnt die Hände aus dem Gesicht zur Seitenstütze. Dann fallen sie wieder hoch hinein und wischen die Morgenaugen langsam feucht.

Duschen.

Das Frühstück fragt einsam nach jedem aufgeregten Wort um mich herum. Mütter mit Zwölfjährigen, Jugendgruppen, und erwachsene Männer mit Frauen, und erwachsene Frauen mit ihren Männern. No Singles.

Gesattelt und wohlig satt ducke mich unter dem Fußballgespiel des Kindergartens und schiebe mein Mopped auf die feuchte Straße.

Der Helmfunk hat sich mit dem Navi verbunden, schickt mir Kommandos gen Rotterdam. „Amsterdam ist jung", denke ich am Rechtsabbieger beim van Gogh Museum. „In fünfzig Metern rechts abbiegen" ruft die Computerstimme in mein Ohr. Ich bremse an die Linie und klappe das Visier hoch: Ja. Amsterdam ist jung schiebt uns das Motorgrummeln aus der Kurve. Dann schließt die linke Hand das Visier im leichten Nieselregen.

Aus Amsterdam mit vielen Kreisverkehren und rotem Ampelstehen nach Rotterdam. Jetzt ist Holland anders: Man kann so langsam an die rote Ampel ranfahren wie man will. Sie bleibt rot, solange man fährt. Erst wenn der Stiefel den Boden berührt, schaltet sie auf grün. Und ja nicht verzweifeln: Starenkasten im Rücken are watching you, blitzlistig. Lang gestreckte Straßen mit Überholverbot bei 80. Straßenpoller. Fahrradgruppenstrahlende Gesichter verbergen jeden Zwang im verordneten Lächeln. Ich halte und weise mein Navi an, nur noch auf Autobahnen zuzugreifen.

Calais. Fährenterminal. Ich steige vor der Zollschranke ab und frage den freundlich blickenden Engländer hinter mir, was ich zu tun habe. Ich bräuchte ein Ticket, meint er. Das gäbe es aber nicht hier, sondern ich müsse noch einmal aus dem Gelände raus und im Kreisverkehr links zu den Schaltern. Das sei zu schaffen, da die Fähre erst in einer Stunde gehe.

"Ticket und Zoll waren ja einfach", stehe ich in Reihe 10 ganz vorn und warte auf Ansagen. Es hat angefangen zu regnen. Ich lasse den Helm auf dem Kopf, während der Asphalt einen dunklen Teint bekommt. Smalltalk hier und da, weil Engländer anscheinend Motorräder mögen, die englisch aussehen.

Die Fähre habe Verspätung, erzählt der ältere Herr mit den zwei Hunden neben mir. „Dann nutze ich die Zeit und fette meine Kette, solange die noch nicht beregnet ist", und schnalle die zwei Seitenkoffer ab, weil ich die Maschine sonst nicht auf den Hauptständer bekomme. Aus dem einen suche ich die Wartungsabteilung für das Kettenspray. Jetzt noch die umherwandelnde Mutter mit ihrem Sohn fragen, ob sie das Vorderrad einmal zu Boden drücken könnten. Ja - am Lenker anfassen und nach unten drücken. Ich schüttel die Dose. Dann dreht die Rechte den Hinterreifen, während die Linke das Fett gibt. Wie oft man das machen müsse, fragt sie interessiert. „It depends on dry or rainy weather, maybe all 500 miles." Sie nickt, ihr Sohn schaut stolz zur Mutter und ich weiß, dass man das anders hätte sagen müssen.

Die Koffer sind wieder fest - so langsam könnte es dann mal losgehen.

Im Grauregenhimmel schlendert ein Mann mit Funkgerät vor mir zur Seite und meint, ich solle jetzt losfahren. Überrascht schließe ich meine Jacke, lasse die Handschuhe aber vor dem Tankrucksack liegen. „Where to?", smeile ich ihn an. „Up there to the right", weist er mich mit ausgestrecktem Arm nach links, und ich fahre ohne Angst mit hängenden Beinen am rechten Hinterteil des Schiffs die glitschige Metallrampe hoch. „Straight ahead", winkt es im Inneren, und ich holpere nach ganz vorn auf der Eisenbahn zu den Halbringen am Boden.

"Ich weiß, ich brauche jetzt Hilfe", klappt der Seitenständer aus. Das rechte Bein steigt über die Sitzbank ab.

"What is it?", kommen zwei Herren auf mich zu. „It's a Kawasaki", I answer and they wonder. Ja - es sei alter englischer Stil sage ich, aber recht neu, und dass die Japaner einen guten Job gemacht hätten. Sie lächeln, eine Dame kommt hinzu und fragt dasselbe. Der jüngere der Herren erklärt ihr etwas, was mir verborgen bleibt. Ich frage sie, ob sie mir behilflich sein könnten, das Motorrad auf den 'Main stand' zu ziehen. Es sei allein nicht möglich wegen der heavy Cases. „Of course", strahlen die Gesichter fast aufgeregt, und ich erkläre ihnen die Stellen zum Anpacken.

Ich bin ganz herzlich und dankbar, als das Mopped aufrecht steht, drehe mich dann um zu der blauen Tonne, die mir beim Abstellen aufgefallen war. Spanngurte im Innern. Der jüngere stellt sich als Barry vor, und wir tüfteln ein wenig, wie das Mopped am besten sicher zu machen sei. Wir legen die Gurte von der einen Bodenöse durch den Rahmen in die andere. Ratschratsch zieht das Mopped zum sicheren Halt.

Er fragt mich zu meinen Reisezielen. In gestottertem Englisch erzähle ich was vom Süden, und dass ich vielleicht auch campen will. Ich solle bei ihm vorbeikommen. Maidstone, halber Weg nach London. 45 Meilen. Ich lehne freundlich ab und will doch meine Sache alleine machen. Er aber insistiert, gibt mir seine Adresse und seine Telefonnummer. Ich könne es mir ja noch mal überlegen, das Angebot stehe. Und außerdem sei ich nicht der erste, den er von der Straße weg eingeladen habe. Alle seien immer sehr freundlich gewesen. Dann kommt nochmal sein älterer Bruder auf mich zu und redet viel. Ich nicke freundlich, höre Worte wie Brother und Crematory, ashes at the sea. Verwirrt finde ich das Wort overwhelming, und seine Augen werden feucht. Schulterklopfend, aber nur ganz leicht, eher fast haltend, blickt er zur Eisentür und folgt zwei Frauen, die anscheinend auch bei der Seebestattung dabei waren.

Die Motoren brummen und schäumen das dunkle Wasser. Das Autodeck ist menschenleer, die Fähre dreht. Ich will auch nach oben, muss was trinken, doch die Stahltüren sind verschlossen. Ein roter Alarmknopf mit der Aufschrift ‚Door open' sagt mir offensichtlich, was zu tun ist. Da ich aber nicht weiß, ob dadurch auch sämtliche Schotts geflutet werden, gehe ich nach vorn und rufe einem Bootsmann unten ein Hello.

Ich stehe an einer Treppe und lese Infotafeln. Elf Decks hat das Schiff. „Dann müsste es eigentlich umfallen", zucke ich die Schultern. Ein Deck hoch dann gehts zum Familydining. Hier findet mein Hunger in der völlig abgegessenen Auslage noch ein Käsesandwich.

Ohne Menschenseelen um mich herum liege ich in einem wohlgepolsterten Fenstergraben im 10. Stock und gucke aufs dunkelgraue Meer.

Nein - weiß ich mit einem Mal - heute gibt's kein Bed & Breakfast mehr. Die Suche hat nach 13 Stunden Journey ein Ende.

Ab nach unten klopfen meine Stiefel die Teppichstufen zum Raucherdeck. Und da ist sie im Gespräch mit jemandem. Sie lächelt mich an, und wenig später gesellt sich Barry aus dem Regen zu uns. Ich wolle nicht mehr nach Folkestone fahren und würde sein Angebot, bei ihm bleiben zu können, gerne annehmen. Das sei vernünftig, meint er und freut sich, und ich solle einfach immer hinter ihm herfahren. Er müsse noch einmal halten. Wenn es am Zoll Probleme gäbe, müsse ich vorfahren und auf ihn warten. Dort, wo es Parkmöglichkeiten gäbe, etwa 3 Meilen voraus.

"Das hätte ich nie gefunden", denke ich, als wir dort im strömenden Regen halten, um auf den zweiten Wagen zu warten. „Everything ok?", geht er an mir vorbei und fuchtelt seine Arme hinter mir ins Regendunkel. Vorbeifahrende Autos zischen unablässig ihren Scheinwerferglanz. Ich zucke die triefenden Schultern, kann nicht antworten in dem Lärm, bin einfach nur froh, dass Barry vorausgefahren ist: Die Ausfahrt nach der Fähre war dermaßen verwirrend, dass ich vergessen hatte, den Gegenverkehr auf die rechte Seite zu lassen.

Ob die Geschwindigkeit so ok sei, ruft er. Und ich nicke für die Weiterfahrt.

Linkseinbieger auf der Autobahn machen Angst. Ich kann die Ungewohntheit kaum erkennen. Dicke Tropfen klatschen vor die Augen und durchs beschlagene Visier auf meine Nase. In dem Schlitz wird dann Sicht allmählich besser. Ich überhole den Eindringling entschlossen rechts und schließe auf Barry auf.

Das Reservelicht gibt mir noch 50 Kilometer.

Was hatte Barry gesagt? 45 Meilen glaube ich. Das sind dann durch 3 mal 5 - oje - 75 Kilometer. Hoffentlich geht das mal gut.

Nach 60 Kilometern biegen wir auf kleinsten Dunkelstraßen in die Auffahrt seines Hauses. Die Frau steigt aus und gibt sich eine Zigarette. Barry gestikuliert was von Schande, und sie bietet mir eine an, die ich gerne nehme.

Lichter leuchten jetzt im Haus. Durchs Fenster vor mir wird das Sofa mit Bettzeug bestückt. Sie fragt mich wohin und woher, und ich merke meine Hilflosigkeit beim Englischkonversieren. Sie entschuldigt das, spricht langsamer.

Abschied fährt sie mit der Verwandtschaft woanders hin. Barry und ich laden meine Sachen ins Wohnzimmer. Drinnen leuchten Uhren halbzwölf Ortszeit.

Ich breite die Koffer ins Wohnzimmer vor die Couch, wechsele die Hosen und frage ihn jetzt schmunzelnd, wie man das Nasse trocken kriegen könne. Er erklärt mir das Haus im Schnellen, findet irgendwoher ein Gebläse vor die Klamotten. Nimmt meine Handschuhe und legt sie auf den Heizungsbäuler.

Ob ich wisse, wo sie heute gewesen seien - sein Bruder hätte das mir gegenüber wohl erwähnt. „Yes I know", antworte ich seinem Blick. Feucht jetzt. Und wir legen die Hände auf die Schultern und klopfen leicht für eine gute Nacht.

Freitag

Englandkarte auf dem Wohnzimmertisch. Der ältere Bruder hatte mir gestern eine Route nach

Winchester gezeigt. Ich blättere eine Seite zurück. Er war extra nochmal zu seinem Wagen gegangen, um sie zu holen und wollte, dass sie für mich hier liegen bleibe. Er sei die Strecke damals oft mit seinem Motorrad gefahren. Und ich solle den Kurs südlich an der Küste jetzt nicht nehmen, sondern eben die nach Winchester, die A272.

Abschied herzlich in kaumklammen Sachen. Barry winkt einsam vor seinem Haus, jetzt taucht sein grauer Bart noch mal im Rückspiegel auf. Wir sehen uns wieder, das weiß ich. Vielleicht im nächsten Jahr.
Ich lege die Abschiedshand auf den linken Griff.

Elf Uhr mit etwas Regen. Zunächst im Verkehr, dann vorsichtige Kurven im Nass von gestern. Tonebridge, Crowborough. Es trocknet. Und dann ist das mit einem Mal geschwungenes Fahren, ein bisschen schneller jetzt, ohne Restriktionen. Haywards Heath und Billinghurst. Petersfield.

Winchester, dreimal umrundet für eine baldige Unterkunft bei pechschwarzem Abendhimmel. Die dritte Anfrage hat erleichtert ein Zimmer im Hotel - mit Option zur Verlängerung. Check-In.
Raindrops fallen kaum noch auf meinen Kopf. Ich gehe nur kurz in die Stadt zur Umschau. Dann will mich die Müdigkeit im Bett sehn.

Auf meiner linken Seite nähert sich ein Auto. Ich gehe vom Gas, weiche rechts aus, lasse es links passieren. Mit einem Mal weiß ich mich auf der falschen Straßenseite - zu spät. Ich kann der Fünfzigerjahrelimousine nicht mehr ausweichen, muss in die Offensive, gebe Gas und reiße das Motorrad im Oberkörperschwung vorn hoch. Die Haube sanft genommen gleite hinten runter. Der Schreck stoppt und die Insassen steigen aus. Wir untersuchen das Auto auf Schäden, können aber keine feststellen. Erfreut fahren alle weiter.

Samstag

Mittags. Die Ausgehhose und die vermeintliche Regenausgehjacke hängen über dem Kofferständer auf der Klimaanlage. Die Begehung von Winchester war trauriggrau und der prächtige Dom nur Außengut. Auch drumherum nickten die Blätter regentief in die Parkanlagen. Also ging ich den Kilometer zurück ins Hotel.

Motorrad. Jacke wie Hose steigen auf die Zweizylinder. Ich lasse den Regen Regen sein.

Innen trocken fahre ich in Salisbury ein und parke direkt vor der Kathedrale. Die Jacke trieft außen das Nass zu Boden. Ich stelle den Lenker quer und drehe den Schlüssel fürs Schloss. Ein Pfund macht Parken für den ganzen Tag. Ich frage nicht nach einer Quittung.

Das Himmelszelt hat sich verausgabt und hechelt, es kann nicht mehr. Ich stopfe die nassen Handschuhe in den Helm, schließe seinen Riemen seitlich ans Motorrad. Herren gucken, kommen auf mich zu. „Yes - it's a Kawasaki" - „Oh - a Kawasaki. Nice!" - „They try to build a better BSA", sage ich, und die Herren smilen.

Ich gehe zu dem mächtig-filigranen Bauwerk und hole einen Kaffee in den Klostergang. Orgelmusik und Chorgesänge von links schallen nach draußen, wollen mein Reingehen mit Weile.

Und großartig und gewaltig dann bäumt sich das Schiff auf. Die Holzsparren der Decken thronen auf einer Höhe, die der Breite der Kirche nichts entgegen zu halten haben.

Vorn ist eine Hochzeit. Ordner zeigen Ruhe an und verhindern jede Störung. Allweilen Gelächter von innen, wenn Frau Pastorin gesprochen hat. Ich kann allerdings kaum ein Wort verstehen.

Leise treten meine Stiefel über die im Boden eingelassenen Gedenktafeln dem Ausgang entgegen. „Sind das Grabsteine? Liegen tatsächlich Gebeine darunter?" Ich weiß es nicht.

Draußen schlendere ich zum Motorrad, drücke meiner Jacke die Knöpfe, zuppel mir die feuchten Handschuhe an, sichere den Tankrucksack am Lenker und verlasse Salisbury nach Stonehenge.

Stonehenge! Ich komme den Hügel runter - und da liegt es rechterhand vor mir. Mein Motorrad links an die Straße gestellt kann ich den Blick kaum von den Steinkolossen lassen. Scheibenschloss anbringen und den Tankrucksack abgenommen gehe ich rüber an den Maschendrahtzaun. Das Bild vor mir ist die Wirklichkeit von Fotos, die ich schon hundertfach gesehen habe. Aufregung gränselt mich zum Eingang.

Bezahlt und drin schlängelt sich der Weg durch eine Unterführung nach links. Dann weicht die Böschung und gibt die Sicht auf den Steinkreis frei. Monumente auf grüner Wiese, von einem seichten Graben umgeben. Ein dünnes und niedriges Grenzseil umspannt die Anlage. Keiner traut trespass.

Es gibt einen Rundweg, den ich von hier aus übersehen kann. Es sind nicht viele Leute dort. Ich gehe bedächtig und mache ständig Fotos. Dann drücke ich meine Kamera einer Japanerin in die Hand. Die freut sich und knipst mich ins Panorama.

Die riesigen Steine, ein Rundverbund, und doch mehr oder weniger jeder für sich, mancher mit einem Querstein zum anderen überbrückt. Langsame Umrundung voller Ehrfurcht.

Ich lasse ich mir am Aus- und Eingang einen elektronischen Guide geben, gehe mit dem Ding am Ohr den Weg noch einmal.

Der Kern sei fast 4000 Jahre alt, heißt es da und der innere Ring nur wenig jünger. Weil ich diesmal etwas schneller gehe, bekomme ich eine Perspektive des Inneren Rings: Das sind die Doppelsteine mit jeweils einem abschließenden Dachstein auf beiden. Ja - und klar - die äußeren Monolithe trugen einen durchgehenden Steinring. Und bei einem sieht man noch so eine Art Arrettierungszipfel. Jeder war also Säule für zwei Quersteine. Gewaltig.

Der Guide legt sich nicht fest, was der Sinn von Stonehenge ist. Machtsymbol? Götterkult? Observatorium? Ich weiß es auch nicht und denke: „Nur, weil der Eingang der Nord-Südachse entspringt, ist das noch lange keine Stern- oder Sonnenwarte. Sonst wären viele unserer Kirchen auch sowas. Und weil Stonehenge in Himmelsrichtungen liegt, sind Sonnenwenden nun einmal markant."

Mit seinen abschließenden Worten hat der Guide allemal Recht: Stonehenge ist ein faszinierender Ort mit Ausstrahlung. In eine wunderbaren Heidelandschaft eingebettet.

Schornsteinruinen zetteln den Blick unablässig nach links. „Was kommt da?", kenne ich die Sternenbilder nicht. Meine Hand fährt ins Gras und zieht trockene Büschel wie Blumensträuße. Atlantis lächelt mich an. Ich bewundere ihren Namen, der aus den Steinen kommt. „Sirius!" schweigt sie mich still. Ich dürfe niemals ihren Namen nennen.

Sonnenwende weist den Weg aus den Schatten. Das Motorrad glänzt mit Flügeln. „Nicht jetzt!", wache ich auf und drehe mich zur Bettkante.

„Ich muss was trinken", greife auf den Nachttisch. Dann nimmt mich der Schlafsack wieder auf.

Sonntag

Mit Reiseführer und Brille setzte ich mich an den Frühstückstisch. Höflich vornehm werde ich für Kaffee oder Tee gefragt. „Coffee. Please", lege ich den Reiseführer beiseite. Ich möge mich für das Frühstücksbuffet gerne selbst bedienen. Es sei im Nachbarraum, dort um die Ecke. Der Kaffee käme sofort.

Meine Tour will heute weiter Richtung Cornwall, und die Karte im Buchanhang liegt linkerhand vor mir. Rührei, Toast und Pilze. Den Stempel der Kaffeekanne runter gedrückt lese ich weiter.

Andover, Ludgershall. Die Brille sitzt auf meiner Nase, und jetzt gehts besser. Upavon, Devizes. Die Pilze sind lecker. Frome und Wells. Über Bridgwater nach Minehead. Und dann schaumama.

Im Zimmer packen sich die Abteilungen vor die Koffer. Ich nehme Jacke und die Hose vom Klimatrockenständer, falte die Sachen in die Säcke. Mit Ausgehschuhen zuunterst zischt die Luft durch die Packsackventile: Elektro, Unterwäsche, T-Shirts, Hosen, Badesachen. „Nur nichts durcheinanderkommen lassen", liegt mir der Schweiß jetzt auf der Stirn. Ich greife nach den roten Kofferschlüsseln. Zu- und abgeschlossen. So. Die Jacke liegt da auf dem Bett - die kommt als letztes dran. Jetzt noch den Schlafsack ins ‚Haus' gestopft steige in die Moppedhose: Die Maschine kann vorfahren.

Wo ich denn hin wolle, fragt mich das Narbengesicht von der Parkbank in leicht verwaschenem Englisch. Und ich erkläre ihm meine Route. Wo ich denn herkäme, sieht er mein Mopped an. Und ich erzähle ihm was von Hamburg. Seine Harley in den USA sei auch so schön gewesen. Ich soll jetzt machen, dass ich loskäme. Und eine gute Fahrt. Ich solle vorsichtig fahren. Er habe einen schlimmen Unfall gehabt, und seitdem sei nichts mehr so wie früher. Meine Antwort will er nicht hören, streckt aber seine Pranke hin und ist irgendwie gerührt. Dann löst sich meine Hand aus seiner und er tritt winkend zur Seite.

Kleine Straßen durch kleine Ortschaften. Die Hügellandschaft fahlt unter der tiefhängenden

Wolkendecke, die dort westlich trübe Regenbalken aufs Land zerrt. Doch dann zieht mein Weg in leichtem Bogen nach Norden dran vorbei. Das Fahren wird unmerklich angenehm zum Sein ohne Zeit.

3600 Touren summen unter mir seit Stunden scheinbar ziellos auf der Straßenschlange, und manche Senke schaltet uns in den Dritten zum seichten Anstieg linksgebäumt. Die Aufmerksamkeit ist ein Flug ohne Erinnerung.

Ein Castle-Schild zur Linken bricht meine Trance. Und dann merke ich die nötige Pause. Im Ersten fahre ich unter aufgebrochenem Himmel den weiten Wiesenweg hoch, suche unter der Burgensilhouette für den Seitenständer Halt.

Sonne sitzt in der Wiese vor der Klostermauer. Ich esse ein Sandwich, Durst trinkt viel. Das Motorrad steht dort unten zufrieden vor dem Buchenhain.

Mineheads Ortsschild leuchtet in der Abendsonne, und das Navi will noch 300 Meter zur Ortsmitte fahren. Kopfsteinpflaster hier auf der kleinen Promenade. Ich parke bei anderen Bikes vor der Kaimauer, hänge den Helm an den Lenker. Wolkenfenster öffnen sich für tiefen Sonnenschein und Möwenschrei bei ruhiger See

Bushaltebänke links, davor sitzhohe Betonsteine. Ob er von hier sei, frage ich den Blickkontakt vor mir mit Motorradjacke und lasse mich gegenüber nieder. Ja - meint er und sieht mich fragend an. Ich suche eine Unterkunft - und ob das Hotel dort drüben in Ordnung sei, zeige ich dort hin.

Nein, sagt er, ich solle lieber dran vorbei fahren und dann links. Nach einer Rechtskurve wie zurückgefahren sei auf der linken Seite ein Guesthouse, billiger und besser. Er schweigt ein wenig und fragt dann doch, woher ich komme und wie ich hierhin gefahren sei, und ich erzähle ihm meine Geschichte.

Es sei früher einfacher und besser gewesen in Minehead. Ehrlicher.

Was denn dieses gigantische Zelt dort hinten sei, zeige ich mit ausgestrecktem Arm. Und er erklärt mir den Tourismus. Und die Arbeitslosigkeit.

Lands End? Das werde ich nicht in einem Tag schaffen. Das Wetter sei nicht gut genug. Er habe die 230 Kilometer mal an einem Tag gemacht, inklusive der 230 Kilometer Rückweg. Nein - ich solle nicht hetzen. Seine Suzi - Genesis - sei sehr schnell. Damit könne man das schaffen.

Ich gebe ihm zum Abschied die Hand, ziehe den Helm auf und fahre die kurze Strecke zum Guesthouse. Parking auf dem Platz davor. Es hat noch ein freies Zimmer.

Das Gepäck hoch gebracht mache ich einen Gang nach Westen zum kleinen Hafen. Wattewolken finden ein rosa Leuchten im Himmel auf meiner rechten Seite. Am Ende des Kais dann eine Kneipe.

Draußensitzen mit Guinness dunkelt den Tag, und die Ebbe malt Stillleben mit zufälligen Fischerbooten im wasserlosen Sand dort unten. Linksvorn schützt die scheinbar übergroße Kaimauer auch die Armen. Stilles Bild senkt meine Augen zur Nacht.

Montag

Das Mopped wartet vor dem Guesthouse fürs Gepäck. Es beginnt zu nieseln.

Schüttelfahrt vergisst mich durch den Exmoor National Park in Regensturm und Nebel. Hügellandschaft bis auf 500 Höhenmeter durch Wälder und Weiden mit Kaumsicht. Auf dem Plateau peitscht der Wind von vorne, schrägt mich an und ab von links. Ich fahre Fünfzig und gebe dem Wind die gleiche Geschwindigkeit. Die Versuche, das Visier zu schließen, werden sofort mit vollkommener Beschlagenheit beantwortet. So prasseln Regenwände ins Gesicht und laufen langsam in den Nacken. Weddon Cross, Simonsbath, Blackmoor Gate und dann in steilen Serpentinen runter nach Barnstaple. Der Nebel bleibt oben, der Regen vertröpfelt sich.

Halt auf dem Motorway für einen Kaffee. Der freundliche Herr erklärt mir das Regenwetter der nächsten fünf Tage. Ich wechsle die Handschuhe gegen trockene, fahre weiter und merke bald, dass das sinnlos war. Die Finger sind gleich wieder klamm. Das Navi meldet wiederholt, dass Strom fehlt - warum auch immer - und gibt dann schließlich seinen Geist auf.

In Bude brauche ich Benzin, sehe rechts eine Tanke bei einem großen Einkaufscenter. Einmal drum herumgefahren klappt der Deckel vor die Zapfpistole.

Ich tucker nach vorn an die Seite des Komplexes zur Inspektion. „Die Kabel in der Lampe haben sich wahrscheins gelöst", hole ich das Schweizermesser aus dem dreckverspritzten Topcase, löse die beiden Schrauben vorsichtig zur Seite und ziehe den Scheinwerfer ab. Und tatsächlich hängt das Navistromkabel nicht mehr fest in den Kontakten. Ich entferne das alte Klebeband, schiebe die Litzen wieder sachte vor, nehme das Gewebeband aus dem linken Seitenkoffer, ziehe zwei schmale lange Streifen ab und verklebe es großzügig mit den anderen Kabeln.

Es hat aufgehört zu regnen. Das Werkzeug klackt im Koffer an die Seite.

Mein nächstes Ziel ist Tintagel, was der Sage nach die Geburtsstätte von King Arthur sein soll. Abermals gießt das Himmelnass auf mich ein und hört erst hinter Trevalger damit auf. Als ich die schmale Straße entlang der alten Häuser fahre und vorne das Hotel sehe, wird mir klar, dass ich heute nicht mehr bis nach Lands End will. Tintagel also. Der Check-In im Tropfenkostüm heißt mich willkommen. Ich trage meine Sachen ins Zimmer mit Blick zur steilen Küste. Kalt ist das hier. Und feucht.

Der schmale Weg führt meine Füße durch ein Tal, dann weiter oben zu einer Friedhofskirche bei den Klippen. Die Moppedsachen rascheln bei jedem Schritt. Ich wollte sie nicht ausziehen, weil das die einzige Chance ist, sie trocken zu kriegen.

Das ist die Friedhofskirche, die nebelig grau aus dem Hotelzimmer zu sehen war. Grabsteine drumherum, flach und kahl in windiger Wiese schräg verstreut.

Schnelle Wolken bekommen Risse, spalten die steile Küste in Glitzersonne. Vom Wasser her sprenkeln grüngelbe Leuchttupfer die Heidebrandung hoch zu mir. Geblendet setze ich mich unterhalb vom Weg auf einen Felsen ins Gras.

Rechts im Norden liegt mit einem Mal eine Hängebrücke im Spotlight des Abends. „Ist sie der Zuweg zu der Halbinsel vor mir? Unglaublich schön das", will mein Morgen mich dort haben.

Nach einer Stunde zieht der Himmel seinen dunklen Vorhang wieder zu und fordert mich auf, zum Hotel zurück zu gehen. Der Moppedanzug fühlt sich mittlerweile ganz gut trocken an.

Dienstag.
Träge recke ich die Beine und schaue links zum Fenster ins graue Nichts. Ich setze mich auf und bin in keiner Weise amused about the close fog around me. Die Kapelle von gestern ist nicht auszumachen. Ich nehme einen Handschuh von der kalten Heizung und lege das nasse Ding wieder zurück, reibe mir die Hände durchs Gesicht und erhebe mich mit einem Ruck fürs Badezimmer.

"May I stay one more night in that room" frage ich nach dem reichhaltigen englischen Frühstück, und ich weiß, dass bei dem anhaltend schlechten Wetter außer den beiden älteren Australiern vom Nebentisch keine weiteren Gäste da sind.

Kurz oberhalb des Hotels zeigt ein Schild den Abgang links nach Tintagel Castle. Der Wanderweg senkt sich steil bergab zur Straße, bis rechts vor mir in der Kehre ein Bach sein Wasser strömt. Ich stoppe den polternden Schritt und sehe mich um. Im feuchten Kalt entnebelt sich in Schwaden die trübgrüne Hügellinie weit oben links. Erst kaum, jetzt besser, gibt sie mit Vermutung hin und wieder die Silhouette einer Ruine frei.

Still blickt meine Zeit. Das flache Wechselwolkentreiben will kein Ende finden.

Weiter unten am Fuß des Hügels erreiche ich weißgestrichene einfache Häuser. Leere Tische und feuchte Stühle suchen Touristen auf der schmalen Terrasse. Ich gehe hindurch und sehe links die Brücke von gestern zur Insel geradeaus - jetzt aus Richtung Norden. Vor mir rauscht das

Meer die Wellen in eine kleine Kieselbucht. Ruinenmauern ziehen meinen Blick ins Nebelgrau links oben.

Eine Schautafel erzählt mir die Geschichte des kleinen Verladehafens für Schiefer aus dem 19. Jahrhundert für dort unten. Die nächste zeigt mir Merlins Höhle links. Also runter.

Meine unpassenden Straßenschuhe hangeln auf glitschigen Felsrunden abwärts, Hände suchen ständig Halt an den schluchtigen Steinplatten. „Da schau her - Schiefer!", denke ich und nehme einen losen aus der Felswand.

Unten vorm kleinen Wasserfall bleibe ich stehen, drehe mich um und weiß nicht, wie ich denn über den Bach kommen kann. Zwei Meter breit ist der. Den Weg zurück und oben lang kommt nicht in Frage. So wird es also gleich 'nen nassen Schuh geben.

Ein junger Mann, der den gleichen Weg vor mir gelaufen war, lächelt mich in seinen Wanderstiefeln von der anderen Seite an, streckt die Hand zu meiner und holt mich, mein Fuß nur einmal aufgetappst, hinüber. „Thank you very much", klopfe ich ihm leicht mit meiner Linken auf den Oberarm und löse den Haltegriff der Rechten.

Dann einmal in Merlins Höhle gedunkelt - was auch immer Merlin hier verloren oder gefunden hatte - und jetzt die steilen Stufen hoch zur Burg.

Ich bin vom Inselhauptweg Richtung Bucht abgebogen, habe mich erschöpft auf Mauerreste aus dem siebten Jahrhundert gesetzt und trinke die Wasserflasche leer. Vor mir kratzen die Wolken dunkel an der Festlandruine. Links unten eine

Wehranlage zum Meer. Es ist ruhig im Meeresrauschen.

Gegen Mittag wurde es laut. Ich hatte zuvor den kleinen Teil der Burg dort drüben auf dem Festland besichtigt und mir mit Hilfe des Prospekts von der Kassenfrau ein Bild vom Vorhof der Insel gemacht. Es gab einst eine Zugbrücke zur Hauptburg. Die Insel war eine autarke Welt mit einigen Häusern, einem Brunnen, einer Kirche und einer Art Garten. Das alles wieder aufgebaut und erweitert im späten Mittelalter. Die Vorburg brach wohl bald zum Teil ins Meer und nahm die Zugbrücke mit. Das muss da sein, wo jetzt das Kassenhäuschen steht.

Wohlig müde denke ich meinen Weg zurück: Von dort aus war ich über die neue Hängebrücke den ganzen Vormittag im rauen Wind oben rumgewandert, war bei den ehemaligen Gärten, und den Restmauern von Wirtschaftsgebäuden und einer Kirche. Und wäre ich gestern Abend hier gewesen, hätte ich mir von dort zu dem Friedhof über die Klippe hinweg zugewunken.

Heidematten auf schroffem Schieferfels. Schöner Tag das. Jetzt muss ich gehen. Die Unruhe der vielen Leute lässt sonst die Vorstellung vom Damals verschwinden.

Hotelzimmer mit Handschuhen, die noch genauso nass sind wie gestern, als ich sie auf die kalte Heizung gelegt hatte. Ich sitze auf dem Bett und schaue aus dem Fenster zur Parish Church. Bis jetzt habe ich vieles richtig gemacht. Vor allem die Ordnung in meinem Gepäck. Ist gottseidank alles trocken geblieben. Nachundnach haben sich die Sachen in ihren Beuteln gefunden. Die 'Angekommen-Abteilung' ist gut so mit Straßenschuhen, Normalhose und leichter Regenjacke. Ich brauche nicht länger in zwei Koffern zu suchen.

Bei Strömregen muss ich die Klettverschlüsse am Kombi und die an den Handschuhen festzurren, dabei die an der Hose bei den Stiefeln nicht vergessen. Und ich muss den Steg am Kragen der Jacke sorgfältiger nach oben außen schlagen.

„Und ich sollte mich unbedingt links einordnen, nachdem ich eine Baustellenampel passiert habe", nehme ich die Handschuhe von der kalten Heizung, stehe auf. Mein Blick fällt auf den schwarzen Sack - das Haus. Der hat am Einroller auf einer Seite eine Regenlippe. Die werde ich zukünftig nach innen rollen, damit der Regen außen bleibt.

Meine Handschuhe liegen jetzt auf dem Heizkessel des Hotels. Ich hatte gefragt, und die Misses war sehr freundlich.

An mein Mopped gelehnt drehe ich Tabak ins Papier. Morgen denn gehts nach Lands End. Klackfeuer knistert unter schnellen Wolken. „Wie schön, dass ich das hier gefunden habe", fühle ich mein zufriedenes Sein, das den Tag mit Wundern und Staunen in sich hinein ließ.

Dann gehe ich noch mal zur Steilküste, mit meinem Buch im Gepäck.

Tintagel Parish Church
Tintagel Town

Tintagel Island
Down to Tintagel Island

Mittwoch

Rockhead, Wadebridge, Newquay, Perranporth, St. Agnes, Kaffee in Portreath.

Gwithian, St. Ives. „Insgesamt nur 120 Kilometer", denke ich, aber der Himmel reißt nach viel Regen auf und macht den hügeligen Ort schön.

Die Uferpromenade runter fahre ich im Schritttempo am Strand vorbei, weiter durch kleine Gassen links leicht hoch. Die Häuser weichen für einen großen Friedhof weiter vorn. Ich halte links auf dem Gehweg und schaue auf die Uhr: Es ist Fünf und mir ist klar, dass ich nicht weiter fahren will. Lands End gibts morgen.

Links kurvt der Anstieg zum Zweiten: Suche nach B&B. Rechts wohnt es sich zu weit vom Zentrum. Also drehen. Achtsam linksgefahren biegt mein kofferbeladenes Teil hoch über den Friedhof. Und „Hey - na geht doch!" baumelt da ein Schild für Unterkunft mit Vacancy und Blick aufs Meer. Ich klappe den Helm nach oben und suche fürs Mopped Halt vor der Hausmauer.

40 Pfund die Nacht, meint Ed, und das Motorrad könne ich direkt vors Haus stellen. Müsse nur ein wenig Platz lassen für das Auto seiner Frau, die käme gleich. Zwei Nächte seien frei - aber auch nicht weniger. Ich überlege kurz, was er mir sagen will und gebe dann o.k. Ich will zwei Tage bleiben. Ob er mir helfen solle mit den Koffern. Und die tattoobepackten Arme schleppen die Koffer nach oben.

Im Duschbad aktiviere ich die elektrische Handtuchtrocknerheizung, lege die klammen Handschuhe drauf, gehe zurück am Bett vorbei und ziehe den Vorhang zur Seite. Hügelhoch der Blick und rechts das Meer. Mein Schicksal ist freundlich.

Die Angekommenabteilung stattet mich mit Hose und Straßenschuhen aus. Ich nehme meine Schultertasche mit iPad und dem dänischen Buch, frage Ed nach dem Weg für runter, gebe meinem Mopped das Scheibenschloss und laufe mit viel Wind oberhalb des Friedhofs downtown.

St. Ives, die Künstlerstadt, zeigt sich mit vielen kleinen Läden in engen Pflastergassen. Hunger kauft eine Teigtasche, Wasser dazu und schlendert zum Kai. Unten folge ich der Straße links, gehe an gut besuchten Kneipen vorbei. Mein Blick bleibt bei dem Sandstrand stehen. Kinder baden in Neopren. Der Wind zerrt heftig kühl an meiner Jacke. Ich verdünne den letzten Taschenhappen mit etlichen Schlucken aus der Wasserflasche, stecke sie zurück in das Umgehänge und gehe Richtung Halbinsel.

In einem kleinen Supermarkt noch zwei Dosen Bier dabei gepackt steige ich den schmalen Wege die Wiese hoch. Der Wind nimmt zu und fröstelt mich unruhig über den Landwurf. „Das ist keine Lesebleibe für den Abend", denke ich und will mich zurück ins Städtchen, suche den Friedhof über dem Hügelkamm, an dem oberhalb mein B&B liegen muss. Und richtig, da ist er! Also runter, quer über die Wiese, an der Promenade längs. Hier finde ich unterhalb der kleinen Kapelle einen Torbogen. Ich steige die abgewetzten Stufen hoch, wende mich nach rechts auf Kieselwege und setze ich mich zwischen alten Steinplatten in die Ruhe des Sonnenuntergangs. Geduld ist angekommen.

Möwen. Sie segeln im Abhang, wackeln beinahe still mit Aufwind, kräkswinden suchend ihren orangebesteckten Schnabelkopf, spitzen mit einem Mal die Flügel nach hinten in steiler Bahn auf andere los, bekabbeln sich in engen Kreisen, schreien ähk und flattern dann aufgeregt hinunter zu den Grabkreuzen vor mir. Die weißen Flügel eingeschlagen wissen die gelben Augen über den Säbelschnäbeln nichts von meiner Bewunderung für ihre Flugkünste.

"Ja - ich habe mich allein. Nur mich mit meinem Sein" denke ich und bin mit einem Mal ganz unsicher, ob ich das darf. Ich beobachte die Welt, und die Welt ist freundlich, wenn ich freundlich und aufmerksam bin. „Wer ist aber eine Welt, wenn andere sie wahrnehmen und ich nicht wäre, nicht sähe, fühlte und bewertete?" Anmaßende Frage? „Teile ich mein Sein in einer Gemeinschaft allgemeinen Seins, oder ist mein Hier nur mir gegenwärtig?" Als gäbe es mein Hier nur mit und in mir.

"Ich habe mich auf dieser Reise mit mir noch nicht gelangweilt", dämpft mich mein Gefühl, und ich blicke auf das Graugewühle des Atlantiks. „Bin ich deshalb schuldig?

Darf ich ein Individuum sein? Kann ich etwas anderes sein als eine Person, die die Welt nur aus dessen Augen sieht? Und wenn ich aus Überzeugung für eine Idee, die die Gemeinschaft für mich geformt hat, eine Ruhestätte unten bei

den Gräbern um mich herum gefunden hätte -
wüsste ich, dass ich hier läge? Hätte sich alles
gelohnt?"

"Mein Tod nimmt meine Welt in eine andere",
legt sich der Wind um mich herum. Und die
Sonne ist längst im Meer verschwunden.
Gibt es einen Weltgeist, eine Art Weltdasein?

"Die Suche geht weiter", stehe ich auf und gehe
die schmalen Gräserstege nach oben. Das Buch
bleibt ungelesen.

Donnerstag

Die Lady kommt mit Küchenschürze an meinen
Tisch, und ich lege die Lesebrille zur Seite. Ja
gerne, Kaffee. Kein Ham bitte, ich sei vegetarian.
Sie notiert auf einem Block und geht. Am Seiten-
tisch sind Müslipackungen aufgereiht. Ich gebe
einen Inhalt in die Schüssel, Obst obenauf, klackse Joghurt drüber und setze mich rührend zu
meiner Karte von Cornwall. „Ah - ok, die Halbinsel bis Lands End heißt Penwith", lese ich.

Sie bringt eine Bodumkanne voll Kaffee.

Ich werde die Nordküste nach St. Just fahren, von
dort aus weiter zum Westpunkt Englands. Entdec-
kerlust kribbelt auf, und ich weiß nicht genau,
warum. Im Inneren des Zipfels gäbe es keltische
Steinkreise - vielleicht deshalb. Anscheinend aber
schwer zu finden. Hab doch den ganzen Tag Zeit.
Schöne Aufgabe. Wollma doch mal sehn...

Die Straße nach St. Just ist traumhaft endloses Hügelkurvenfahren über der Nordküste Penwiths. Ich halte auf einem kleinen Platz vor der Kirche in St. Just, nehme meinen Tankrucksack, kaufe in dem kleinen Supermarkt Sprudelwasser und setze mich an den Rand des Dorfbrunnens.

Ob das mein Motorrad sei, fragt ein rötlicher Backenbart von rechts und sieht mir lächelnd in die Augen. Ja. Es sei eine Kawasaki, und sein strammer Bierbauch schüttelt sich im Erstaunen, dass dies doch keine Zweitackt-Rennmaschine sei. Nein, die Zeiten seien vorbei, und Kawa baue den Typ seit 1999, und ich meine, die machen ihren Job sehr gut. Ohne Zweifel, antwortet er und sagt dann etwas, was sich vielleicht auf die Königswelle bezieht.

Am Samstag sei ein Fest hier im Dorf. With Lifemusic and many Acts. Ob ich denn noch in der Gegend sei. Ich möge mal kurz auf seine Sachen aufpassen, die er auf den Brunnenrand legt, und er verschwindet in die nächste Straße.

Dann kommt er mit einer Zeitung wieder, erklärt mir seitenknisternd die Events, kommentiert die Bands, und ich nicke dann am dollsten, wenn ich sein Englisch nicht verstehe. Er reicht mir die Hand, daraufhin die Zeitung und wünscht mir einen schönen Tag. Im Weggehen dreht er sich noch mal um, mit der Bitte, vorsichtig zu fahren. Und fort ist er.

Ich fahre die wenigen Kilometer nach Lands End sehr langsam und aufmerksam. Bäume weichen und lassen die Landschaft links und rechts stellenweise steinig steppig werden. Dann saften wieder weiche Wiesen unterm meerigen Horizont.

Ein Parkplatz vor mir. Ich weiß ganz kurz nicht weiter und halte rechts vor einem Abzweig. Weites Land. Weiße Häuser, vielleicht 200 Meter voraus. Über die Schulter geblickt wundert mich ein Pickup an. Ich winke ihm ein Sorry, schalte in den Ersten für seine Weiterfahrt.

Familypark wie Cowboystadt. Das Mopped auf den Grünstreifen abgestellt, zuppeln Handschuhe in den Helm. Ich hänge ihn seitlich ins Schloss und stiefel durchs Eingangsportal. Souvenirs, Spielhallen. Schnellrestaurants mit gut genährten Kindern.

Der Tankrucksack! hechte ich zurück. Erleichtert sehe ich ihn auf der Sitzbank liegen.

"O.k. - da muss ich nicht noch einmal rein", lasse ich den Komplex rechts liegen, marschiere an einem Hotel vorbei zu einer Übersichtstafel, die mir den Weg im aufgerissenen Sonnenhimmel nach unten zeigt.

Ich sitze auf einem Stein im Bett der heidigen Wiesenmatte. Der Hügel vor mir steilt schroff zur Küste ab, und Hitze trinkt atmend durch, nochmal, das Wasser tief.

Lands End. Ich bin an meinem Reiseziel angekommen, und der Stein unter mir ist geduldig. Ich habe Fotos gemacht und die zweite Wasserflasche geleert. Ich habe zwei Zigaretten geraucht und die Sonne über den Mittag wandern sehen.

48

Es ist still im Möwengeschrei. Und heiß, obwohl der Wind die Kälte der See nach oben trägt.

In Aufbruchsstimmung liegt der Reiseführer auf meinen Beinen. „Also - die Steinkreise liegen inmitten von Penwith. Ich werde von Süden kommen, fahre durch St. Buryan Richtung Penzance. Auf halbem Weg müssten sie dann links zu finden sein. Wohl direkt an der Straße", interpretiere ich die vage Karte.

Den Tankrucksack festgeschnallt ziehe ich Helm und Handschuhe an, steige aufs Motorrad und klappe den Seitenständer ein. Mein Ritual schließt alle Jackentaschen mit der Anweisung, ja links zu fahren. Schlüssel auf Start dreht der Tacho seine Runde klar. Ich strecke die Schultern einmal ins Kreuz, drücke dann nach vorn gebeugt den Startknopf unterm rechten Daumen. Die Handschuhfinger ziehen den Kupplungshebel links am Lenker, und der Vorfuß klackt den ersten Gang nach unten. Mit Vorsicht lasse ich uns auf den feinen Kiesweg frei.

Waldstraßen dunkeln, und ich schiebe das Visier nach oben für bessere Sicht. Langsames Fahren.
Meilenlang klackern die Ventile unter mir nur für mich allein. Einmal halte ich an einer Tankstelle, reinige die Helmscheibe. Und weiter habe ich längst das Navi ausgeschaltet, weil mich die Sonne hinter mir ohnehin nach Nordosten lenkt.

Ich habe mich verirrt. Kleinste Straßen wollen Feldwege werden, also Satnav wieder angeschaltet. Nach ein paar Kurven links und rechts halte ich zum Abzweig auf eine größere Straße. „Hier irgendwo muss das sein", weiß ich, doch keine Straßenseite zeigt mir Steinkreise.

Voraus zwei Wanderer, um sich blickend wie Suchende. Langsam fahre ich vor und frage: „Do you know where the 'Merry Maidens' are? They must be anywhere around here." Und der Mann mit Nickelbrille antwortet mir mit strahlendem Blick, dass ich zu weit gefahren sei und nur ein kleines Stück, vielleicht 200 Yards, zurückfahren müsse. „Und die zwei alleinstehenden Figuren? Sind die auch da?" Ja, dazu müsse ich die Wiese noch ein Stück hochgehen, meint seine Frau. Ich bedanke mich ganz herzlich, starte den Motor und tucker zurück. Und dann sehe ich sie, rechts im Feld hinter dem dicht bewachsenen Hain! Ich biege auf einen kleinen Schotterplatz davor zum Parken.

19 Steine im Durchmesser von vielleicht 15 Metern. Einer ist in Südrichtung vorgelagert. In der Verlängerung noch einer - na, der passt nicht ganz vom Material her. Ich gehe einmal um das Ganze drumherum.

Jahreszeiten! denke ich. Oder besser Sonnenuhr. Ja - das ist gut! Vielleicht sogar Sternengucken. Naja-nu! Es gab ja keine Uhr, aber durchaus einen Mittag. Und abgewandt davon eine ungefähre Mitternacht. Die Kalibrierung sollte also kein Problem dargestellt haben.

Sonnenstand und Sternenhimmel. Angenommen, das Jahr sollte auf 19 Einheiten verteilt werden, weil - man wollte aus Gründen der Übersicht - nicht 365 Steine auslegen. Wie wärs denn aber mit einem Zehntel gewesen, also 36 oder 37? Wäre doch eine schöne Orientierung. Wenn man tagsüber in der Mitte des Kreises steht, wüsste man anhand der Sonnenausrichtung sofort, wieviel Tageszeit bereits vergangen ist. Mal angenommen, der Süden wäre Stein eins, dann hätte man morgens vielleicht gesagt, es ist jetzt 8 Steine im Osten. Mittags sagt man einfach, es ist jetzt Mittag.

Nachts könnte man sich über das tägliche Weiterwandern der Sternenbilder wundern und feststellen, dass alle 365 Tage die Sternenbilder wieder an der Position des letzten Jahres sind.

Mir wäre das mit 36 Hinkelsteinen aber zu aufwändig und ungenau gewesen, weil irgendwie die Zeiten dazwischen fehlten. Also müssen so was wie Tafelsteine her, am besten zum Rumtragen, die ich auch beschreiben kann. Diese Tafeln würden genau zwischen zwei von den Hinkelsteinen passen. Es gäbe welche für Sterne und welche für Planeten. Irgendwann könnte ich die Tafeln vom letzten Jahr hervorholen und nachsehen, ob die Welt noch in Ordnung ist.

Ich schüttel den Kopf, weil das eindeutig zu viele Tafeln sind. Außerdem stören die vielen Hinkeldinger andauernd die Sicht. Besser und einfacher: 19! 19 zum Quadrat sind 361. Ist nahe bei 365. Also 19 Steine setzen und 19 Tafeln beschreiben. Ja das ist gut. Und jede Tafel hätte also 19 Teilstriche. Dann wäre mein 10. Stein der Nordstein. Und dort wäre der Nordstern eingeritzt. Und jede Mitternacht sähe man den großen Wagen im Vergleich zum Vortag wandern. Man *würde seine Sterne auf die Tafeln ritzen und so den jahreszeitlichen Zirkel festhalten.*

19 mal 19 könnte die Formel der Himmelsbewegungen gewesen sein - na, wenn das damals nicht beeindruckt hätte. Abgesehen davon kommt mir gerade in den Sinn, dass die gebräuchlichen 360° für einen Kreisdurchgang wohl - als Vereinfachung - von der Anzahl der Tage im Jahr abgeleitet sind.

Ich bin nicht allein. Eine ältere Frau im Wollrock drückt sich außen. Jetzt kommt sie mittig von Osten auf mich zu. Nein - sie wisse auch nicht, wofür das ganze gut sei. Aber das Gelände vermittle ihr ein gutes Gefühl. OstWest? Das hätte sie jetzt nicht gedacht. Sie greift zum Handy und sagt, ja - das stimme. Und außerdem im Norden von Schottland sei das größte und schönste Bauwerk dieser Art. Ob ich da mal gewesen sei. Und ich verneine für ein 'Sorry'. Sie schüttelt den Kopf und fragt, ob ich denn die äußeren Steine gesehen habe. Ja, antworte ich, der eine ginge nach Norden, der andere läge anscheinend nur so rum. Dann lächelt sie mich an, und wir wünschen uns einen guten Tag.

Ich starte meine Maschine und suche auf kleinen Straßen einen weiteren Kreis, der auf halbem Weg zum Zubringer liegen soll. Ich hatte mir die Wegbeschreibung dreimal durchgelesen, aber keine konkrete Ortsangabe herauslesen können. Linkerhand der Straße soll er liegen und man müsse 300 Meter zu Fuß gehen.

Also langsam bleiben und nach einem kleinen Steinschild Ausschau halten. Ich fahre zehn Kilometer voraus und zurück. Ohne Erfolg. Nochmal vor ohne irgendeinen Hinweis.

In einer kleinen Verkehrsbucht halte ich links, um die Autos hinter mir durchzulassen, schalte den Motor ab, klappe das Visier hoch und nehme den Reiseführer aus dem Tankrucksack. Schweiß treibt unter meine Jacke im Sonnenhell. Ich klappe die Karte im Anhang vor mir aus und halte die Enden im Wind. „Das ist hier irgendwo. Nur kann ichs nicht finden. Na. Muss ja nicht alles auf Anhieb klappen. Vielleicht morgen noch ein weiterer Versuch", falte ich die Karte wieder ins Buch und schiebe es zwischen die Reißverschlüsse zurück. Ich will dann doch für eine Zigarette absteigen. Mein Blick sucht den Trittnippel des Seitenständers, findet ihn - und auch in verwundertem Unverständnis direkt neben meinem Stiefel einen Hinweisstein für ein Kulturgut. Das kann doch nicht wahr sein. Und daneben ein meterhoher Holzpfosten mit der Inschrift 'Boscawen un'. Volltreffer.

Ich schwinge das Bein zurück im Lenkergriff, schnalle den Tankrucksack ab und hänge ihn über die Schulter. Den kleinen Holzstieg rauf und runter nimmt mich der Trampelpfad zur Heide unterm blauen Himmel durch die Wiese. Dann sehe ich da hinten rechts gesenkt das abgemähte Areal im Heckengrün mit lila Blütentupfern.

Hitzewege. Ich lege meine Sachen auf die halbhohe buschige Einfriedung. Den Tankrucksack daneben. Sprudelwasser gluckert im Hals.

Vor mir 19 abgezählt die Steine stehe ich auf dem kleinen Wall. „Wieder 19, wie bei dem anderen

Kreis", steige ich hinüber ins Innere, auf den schräg gestellten Mittelstein zu. „Sag ich doch!", rufe ich aus. "Da muss einfach einer in der Mitte stehen. Und auch noch Richtung Norden gekippt!", bewundere ich seine halbrunde Unterseite. Auf der Oberseite ist der Stein auf seiner Länge von vielleicht zwei Metern rechtwinklig bearbeitet. Die Anlage ist etwas kleiner als die letzte. Nee, eigentlich nicht. Sie liegt einfach versteckter in ihrem Heckenrund.

Einmal drumrum gelaufen bin ich mir sicher, dass diese Anlage bei sternklarem Himmel, abgeschieden inmitten dieser Hügelwelt, jedwedes Gefühl von Nichtigkeit heraufbeschwört. Und Priester, weise wie die Nacht, ihre Macht gebrauchten, den Unwissenden apokalyptisch den Lauf der Welt zu schildern.

Die Sonne zeigt mir abgedämmert ihren Tag gen Westen. Ich kehre dem Kreis meinen Rücken, nehme die Sachen vom Wall und laufe bedächtig zum Motorrad.

Zurück im B&B. Die Wetterprognose ist gut, und ich will noch einen Tag bleiben. Leider hat die Lady keine Vakanzen, telefoniert und fordert mich auf, ihr 100 Yards zur neuen Unterkunft zu folgen. „Die Engländer sind nett", denke ich und folge ihrem Fuß.

Jetzt wisse ich endlich mal, wieviel 100 Yards seien, gehen wir zügig die ansteigende Straße entlang. „Maybe it's more", lächelt sie zurück. Der Herr der neuen Bleibe wirkt ungeduldig. Wir gehen im Haus eine Etage hoch. Das Zimmer ist klein, aber sauber. Bin ich bereits verwöhnt? Naja - Verschlechterung für mehr Geld lässt solche Gedanken frei. Mein Wille beugt sich der Marktwirtschaft. Ich schlage ein. Ich könne ruhig schon gehen und bräuchte nicht zu warten, sagt sie und will noch ein wenig plaudern, jetzt, wo sie schon einmal hier sei.

Friedhofsplatz von gestern liest Seiten in meinem Buch von Segelschiffen und Krieg. Die Sonne ist untergegangen, und die Gedanken schweifen ab zu den Steinkreisen Penwith's. Dann Bilder von Stonehenge in meinem Kopf. Bauwerke der Symmetrie. Gewaltig und scheinbar für die Ewigkeit erbaut.

Freitag.
Umzug auf ein paar hundert Meter. Das reichhaltige Frühstück von geradeeben wird für den Tag reichen.
Ich bepacke das Mopped, fahre den kurzen Weg, takel alles wieder ab und trage meine Sachen in den Frühstücksraum. Das Zimmer sei noch nicht fertig. Das Motorrad könne ich nachher hinten im Hof neben seinem Auto parken, zeigt er mir den Ort durchs Fenster. Ich bedanke mich, erkläre ihm, dass ich den ganzen Tag unterwegs sein werde, es dann aber gerne dort abstelle.

Schönes Penwith von gestern, in traumhaftem Wetter wieder. Ich fahre die ersten Kurven jetzt schneller, biege aber schon bald nach links in eine langsame Straße mit Schild Richtung Penzance ein. Wieder säumen mich Hecken und Büsche von beiden Seiten. Ich suche die kleine Tafel am linken Straßenrand, die mir den Weg für den Lochstein zeigen soll. Dann taucht ein kleiner Parkplatz vor mir auf, staubig links. Drei Autos stehen dort und ich bremse. 'Men an Tol' lese ich am meterhohen Balken. „Dies wird ein Gang von 600 Metern werden", schließe ich mein Mopped sicher, hänge den Rucksack über die rechte Schulter, die Jacke drüber und demütige meinen Gang zur Ruhe.

Schulterlange graue Haare und Kinnbart. Der Herr lehnt in staubiger Kleidung auf einem Holzzaun und sieht mir freundlich entgegen. Auf seiner Höhe angelangt spricht er mich an. Lochstein? Yes - erklärt er mir den Weg in fast amerikanischem Akzent. Nur noch wenige Yard rechterhand. Dann wendet er sich wieder dem aufsteigenden Feldweg hauswärts zu, stellt den Fuß aufs Gatterholz und zieht die Mütze gerade. Kühe grasen oben links vom Weg mit Kälbern, die kleinschwarze Tupfer in die Wiese malen.

Die Mittagssonne macht mich langsam. Zeit mit Weile gehe ich den Weg. Irgendwann dann rechts bei Steinstufen ein Meterholz mit der Inschrift von vorhin. Ich steige über den kleinen Wall, springe ins Gras und folge dem unscheinbaren Pfad. „Es ist seltsam", denke ich. „Keine Tourihorden kommen gucken. Alles einsam. Aber eigentlich ist das auch gut so", fühle ich mich weit und lege meinen Gang in die Schatten der Heide. Mein Blick schweift nach rechts auf den wiesenwelligen Horizont mit Bauernhöfen und halb verfallenen Schornsteinen.

Ich hab sie längst gesehen. Links. Weich in der Senke. Drei Steine in kurzgeschnittenem Gras. „Sie liegen in einer Linie. Zwei Säulensteine außen und mittendrin der Lochstein." Klein und unscheinbar wie kaum beachtet trete ich näher. „Der steht ganz tief über dem Boden. Aufrecht. Schön. Aber viel niedriger, kleiner, als von den Fotos in meinem Reiseführer vermittelt." Ich umrunde die Anlage, schaue zur Mittagssonne und muss lächeln, weil ich die Ausrichtung der Steine eigentlich von Süden nach Norden erwartet hatte. Aber freudig zeigt das Dreigestein von Ost nach West.

Der Ausgemeißelte in der Mitte ist, wie im Reiseführer beschrieben, kreisrund. Man könnte geradeeben hindurchkriechen. Die Westseite ist eher flach bearbeitet.

Ich lege meine Hand auf den Oberrand und blicke jetzt von Osten. Hier ist er gewölbt wie ein Schwimmreifen. Ja - wie ein Schwimmreifen sind in etwa seine Proportionen.

Passe ich da durch? Ich strecke mich und höre Stimmen vom Weg, den ich gekommen bin. Drei ältere Herrschaften schlendern und diskutieren. Sie sind - ich schaue übers Grüngestrüpp - vielleicht achtzig Meter weit entfernt und unterwegs in meine Richtung. Ich gehe in die Knie. „Aha, so sehen sie mich nicht - jetzt also oder nie!", falle ich auf meine Hände und krabbel mit den Beinen voran durchs Loch, setze die Hände nach und falle mit dem Po auf die andere Seite des Steins. Schnell auf die Seite gedreht richte mich auf und blicke unschuldig der schlendernden Gesellschaft entgegen, die weiter mit sich selbst beschäftigt ist. Wir sagen ein Hello. Und irgendwie stehe ich stolz da, und streiche mir den Dreck vom Hintern. „Bin ich da durch, weil der Reiseführer was Rituelles von Gesundheit erzählt hat?", frage ich mich. „Na - vielleicht - auch wenn sich die Legende wohl eher auf Babys bezog."

Das Englischtum wirkt fein, geht einmal um die Anlage herum, verteilt sich in drei Sichten und kommt auf sitzhohen Felsen dort hinten nieder. Sie reden über die Steine und den Sinn der Anordnung. Der Knickerbockerherr steht auf, um über die meterhohe Spitze des östlichen Steins durch den Kreis zu schauen.

Ob er wisse, wozu das gut gewesen sei, frage ich ihn, und er antwortet freundlich, dass er mir die gleiche Frage hätte stellen wollen. Ich beschreibe die Ost-West-Ausrichtung und zeige auf die Sonne im Süden. Das fände er allerdings auch bemerkenswert. Aber er wisse nicht, warum man das vor 4000 Jahren errichtet haben sollte. Ich zucke mit den Schultern und erzähle was von Sonnenwende.

Während die Herrschaften unablässig miteinander reden, stelle ich mich vor den westlichen Spitzstein und peile durch das Loch. „Das ist ein Winkel von etwa dreißig Grad", denke ich. „Passt das für einen Sonnenstand am Sommeranfang? Wie hoch steht die Sonne am 21. Juni - genau dann, wenn sie im Westen steht, also um 18:00 unseres Zeitgedankens?" Ok, denke ich, das könnten in diesen Breiten durchaus 30 Grad sein. Aber, ich weiß es nicht genau. Sonnenwende gefällt mir dennoch gut. Ich lasse die Lochsteinanlage eine Kalenderwerkstatt sein.

Gedanken weilen. Dann gehe ich die paar Schritte zu meiner Jacke und dem Rucksack und drehe mich noch einmal um. „Ja - Sommersonnenwende. Dafür war das gut. Kann eigentlich nur so gewesen sein."

Im Rückweg lehnt der Bauer immer noch. Ja - es sei unerklärlich, wie die damals so ein Loch in einen Stein bekommen hätten. Ob es mir gefallen habe. Ja sehr. Aber ich sei nicht wegen der Steine nach Südengland gekommen. Aber wenn die Steine anyway hier sind, könne man sie sich auch ansehen. Ja, die sogenannten Experten hätten ja sonst auch nichts zu tun. Und dann sagt er etwas, das ich nur mit einem „Sorry, I didn't get that" beantworten kann. Worauf er meint, das sei ein Sprichwort für Leute ohne Aufgaben. Woraufhin ich bemerke, dass das stundenlange Betrachten eines Weges über ein Gatter hinweg so etwas sein könne, as you just told me. Worauf er meint, er habe aber eine Aufgabe, nämlich die, seine schwarze Kuh da oben zu retten oder zu sichern. Die sei nämlich schwanger und wolle ihr Kalb nicht kriegen. Er warte auf einen Transporter für die Kuh. Die müsse deshalb hier weg, weil die anderen Kühe alle braun sind, und die Schwarze sich immer fremde braune Kälber zu eigen machen will, sie selber zwar nicht wisse, dass sie schwarz sei aber wohl weiß, dass sie ein schwarzes Kalb bekommen werde. Also wolle sie nicht gebären.

Dann brummt ein mächtiger Trecker ans Tor, und er erklärt mir noch schnell einen Zwillingskreis auf dem Hügel dort drüben und wie ich da hinkomme. „See you" - „Have a nice day".

Wiederkäuende Kühe mit abgesägten Hörnern. Sonst nichts auf dem Hügel hier oben. Der Bauer hatte echt Humor.

Die Suche geht weiter nach Süden. Ein Stein müsste flach auf seinen drei aufrecht stehenden Kollegen liegen. Ein Keltengrab, das einst mit Erde bedeckt gewesen sein soll. Ich fahre nicht allzu schnell, gebe gelegentlich den Autos hinter mir ein Zeichen, mich zu überholen. Das Steinhaus muss irgendwo links direkt an der Straße liegen und ich fürchte, es wegen der ewigen englischen Hecken zu übersehen. Da ist es! Das war leicht. Bin aber dennoch an der kleinen Parkbucht vorbeigefahren. Also links ran mit Kehrt zurück.

Zwei Fahrradreisende sonnen sich auf dem Dachstein in Deutsch, als die Pforte mich durch den kleinen Wall lässt. Hügelland weidig, der Boden sumpft. Sie steigen gerade die Platte herunter und ich rufe ein Hallo, das nur einen Blick als Erwiderung findet. Sie nehmen ihre Rucksäcke und stiefeln im Rad die Wiese weg.

Das Dach ist etwa vier Meter lang und ruht auf drei Monolithen. „Na - das waren wohl mal vier", sehe ich hinten einen im Boden liegen. „Wenn man den aufstellte, würde der genau in diese Mulde an der Unterseite des Dachsteins passen, so Einsdreißig überm Boden", bücke ich mich in den Schatten, mit meiner Linken die Stelle tastend. Ich umrunde die Anlage erneut, setze mich dann abseits auf einen Fels und trinke meine Wasserflasche leer.

Der Blick ruht auf dem Steinhaus vor mir und meine Augen machen Fotos. Schön das, und schlank gemeint für eine Ewigkeit. Die frühe Nachmittagssonne wirft kurze Kolossschatten auf das moorige Heidegras. Ich wundere mich, dass die Anlage nicht längst im weichen Untergrund versunken ist. Ein Grab ohne zu graben? Wohl nicht. „Dann nenn' ich die einfach Totenstätte".

Der Dachstein wiegt mit Sicherheit mehrere Tonnen. Zur Stabilisierung musste man unbedingt den Untergrund befestigen. Dann die Steine aufgestellt, den Dachstein über eine Rampe hochgezogen, über Rollen aus Holz. Die Rampe weggeräumt, fertig.

Aufgebahrt lag der Tote in seinem Haus aus Stein. Klagegesänge? Monatelange Totenwacht bis zur Mumifizierung? Warum nicht - die Luft ist sehr trocken. Ansonsten schützte das Dach den Leichnam vor Feuchtigkeit. Und nach der Zeit des Abschieds wurden Wände aus Geröll zwischen den Monolithen errichtet und die ganze Anlage mit Erde zugedeckt.

"Vielleicht war das so", erwache ich aus meinen Gedanken, „Oder so ähnlich", oder wie auch immer, erhebe ich mich träge, hänge den Tankrucksack über die Schulter und nehme die Jacke im kurzen Blick zurück zum Mopped.

Ich fahre angenehm kühlwaldig Richtung Penzance und halte am Ortseingang rechts für einen Kaffee unter Sonnenschirmen. Es ist drei Uhr.

Zu früh für zurück nach St. Ives legt den Reiseführer auf den Tisch und holt die Lesebrille aus der Jacke. St. Michaels Inselburg strahlt mich an. Und weiter nach Lizard hätte ich auch Englands südlichste Stelle besucht. Müsste zu machen sein. „Na denn", stehe ich auf, frage die Gesellschaft am Nebentisch for having a look at my stuff und gehe ins Haus zum Bezahlen.

Heideland neben kleinen Straßen mit viel Verkehr. Der Himmel ist jetzt taubenblau, und wiederholt staut sich die schmale Autoschlange vor der nächsten Ortschaft. Überholen ist nicht möglich. Ich öffne die Jacke am Hals weit nach unten in der Hoffnung auf Fahrtwind.

Langsam hügelabwärts sehe ich dann wieder Meer und darin wie künstlich reingesetzt die Insel von St. Michaels. Jetzt zügiger zu fahren bin ich gleich an der Küstenstraße. Kostenpflichtiges Parken, ich frage kurz für ein paar Fotos, und der Herr lässt mich auf den Platz. Ich will nicht auf die Insel - viel zu heiß. Und außerdem könnte ich das Mopped mit dem ganzen Gepäck niemals unbeobachtet irgendwo zurücklassen.

Gänzlich von Verkehr befreit gebe ich Drehmoment auf die geschwungenen Straßen. Longrock, Breage. Abstecher nach Porthleven und Penrose mit Zwischenziel auf Helston. Langstreckig stachelt Draht zu meiner Linken. Industriegelände mit Flugzeugen. Was auch immer das ist.

Das Land wird staubig. Felsen liegen trocken in abgemähten Feldern. Dann Kiefernwald in meiner Nase. Ich halte links auf einem Parkplatz für Trinken. Kurzcheck in der Straßenkarte: Ja - ich bin richtig und brauche wohl noch etwas Geduld.

Kleine Orte in niedrigem Gang wie ausgestorben hinter mir. Steppenstraße immer geradeaus. Dann Lizard's End in großen Lettern mit dem Hinweis, links zu parken. Ich fahre geradeaus sehr steil bergab, Schritttempo jetzt im Ersten in engen Kurven zum Schotterparkplatz, schräg vorsichtig links hoch. Der Motor quält sich mit Hitze, und Reifen knirschen vor und zurück für einen möglichen Seitenstand. Gehtnicht startet eine neue Runde mit Stiefeln baumellaufend links und rechts. Dann endlich finde ich Halt neben der ausgewiesenen Mitarbeiterparkfläche.

Geduckte Häuser reihen sich zur steilen Küste rechts. Ich hänge den Helm an den Lenker und zuppel die Handschuhe hinein. Mein Blick schweift im schweigenden Wind, der hier und da ein Möwenkreischen zulässt. Den Tankrucksack über die Schulter und die Jacke drüber gehe ich ein paar Schritte die Straße runter in eine Blumenwiese. Beinahe senkrecht unter mir liegt ein kleiner Bootsanleger leer im Säuselrauschen des Meers. Links erhebt sich schroff die Küste mit Wiesen über felsigem Grund bis weit nach vorn, ohne Ende. Ich schwanke.

Zurück beim Mopped lege ich den Rucksack auf die Sitzbank, öffne die Flasche für viel Trinken und nehme die Sonnencreme raus.. Das Rauschen hört nicht auf. „Taubenblau - mit Violett" erzählt mir mein sonnenrotes Gesicht das Wetter im Motorradspiegel.

Mein Taumeln langsamt mich die steile Straße hoch zu einer Terrasse. Sachen klappern im Vorbeigehen auf die Holzbank. Ich trete ins Dunkel des Hauses und frage an der Theke nach Kaffee und einer Flasche Wasser. Ja, natürlich, gerne.

Ich möge mich draußen hinsetzen, es dauere ein wenig, sagt die junge Dame freundlich. Wo ich denn sitze, schaut sie mich an, und ich zeige ihr links den Schatten unterm Schirm.

Westblick mit weißgeblümten Wiesenmatten. Rostig leuchtet da unten ein Weißichnicht wie Felsen. Dann kommt sie mit Kaffee und Wasser. Ich sage ein Thankyou und starre auf die Mauermöwe vor mir, die meinen Keks will. „Nixda!" nippt der Kaffee. Trinkt Wasser. Knackst Keks. Will Wasser. Dann kippt sie über die Mauer und ist weg.

Das Weißichnicht von gerade eben löst sich auf und stellt die Umgebung wieder auf Scharf. Ich schmunzel in mich rein mit dem Gefühl von Rückkehr in die Welt der Anderen. Zwei Pfund dann drinnen auf den Tresen gelegt weiß ich im Hinausgehen, dass der Rost bloß ein rotbraunes Heidegras oder eine Art Lizardmoos war. Und auch das Meer rauscht wieder anders.

Graugebräu erst. Dann züngelt Schwarzgewölk gesäumt von Federstreifen über mir. Mein Heimatkurs zerrt Warm an Kalt. Schwitzen mit kalten Händen.

Ich halte auf einem Geröllparkplatz und unterweise mein Navi für den schnellsten Weg Richtung Leedstown, um bei Hayle kurz auf die Autobahn zu fahren.

Der Himmel hat jetzt einmal durchgeatmet und legt einen langgestreckten Flockenteppich über mir aus.

Zurück an der Promenade von St. Ives brubbelt die Maschine im Schritttempo die Kehre nach links hoch. Ich halte für zwei Dosenbier ins Tankgepäck. Dann steilt die Straße hinterm Friedhof rechts noch 100 Yards zum B&B.

Friedhofsstille fern vom Promenadenkrach. Die Sonne schäfelt sich mit Wolken überm tiefen Meer, und ich überlege schulterzuckend, was mir das Buch auf meinen Beinen eigentlich sagen will. Immer Segelschiffe und viel Fachgespräch. Ostseeinselhafen und Seefahrerwitwen. Ein Krieg, der keiner war und dennoch unmenschlich für jedes Einzelschicksal. Kap Horn und endloser Pazifik. Und wieder wird die Leidensfähigkeit des Individuums beschrieben. Hinterhältigkeit, Macht und Gewalt. Mannschaftsgeist, und anstatt Meuterei Gerechtigkeit.

Vatersuche, Menschenhandel. Schrumpfkopf. Wo führt die Geschichte hin?

Ich lege das Lesezeichen auf die Seite und klappe das Buch zu.

Unmenschlichkeit und Tod. Ferne Schicksale, sicherlich erfunden - aber eigentlich egal. Jeder unter der Erde um mich rum hatte ein eigenes Verlangen. Ein eigenes Sein. Ich blicke nach links und lese den Stein von 1857 mit seinem Namen und dem Todestag. Vorn auf der Einfassung auf geschliffenem Granit hinzugefügt und ohne Datum der Hinweis auf zwei Kinderschicksale, die unfähig waren, erwachsen zu werden.

Vorgestern saß ich hier und traute mich kaum, ein Individuum zu sein. Gesellschaft formt Verantwortung für jeden Anderen. „Humanität"? - „Mitgefühl" ist besser und beschränkt sich nicht nur auf Menschen. „Achtung" geht darüber hinaus und macht das Äußere zum Objekt meiner Sinne, meines Empfindens und meines Denkens.

Dies ist die Welt, die niemals einen Anspruch haben kann, von allen Lebewesen, die sehen können, so betrachtet zu werden, wie sie ist. Die niemals von allen auf gleiche Art gehört oder gefühlt werden kann. Das Objekt ist eine Außenwelt - und irgendwann wird mein Sein in ihr aufgehen. So werde ich ein Teil der Welt, die ich als Lebender nur ahnen kann. „Bin ich ein Gott, wenn ich ohne Zweifel bin?" Eine Umschreibung von Glück - oder Fanatismus. Nein, ich bin kein Gott. Und die Welt besteht nicht nur aus Macht oder Demut. „Forme ich die Welt mit meinem Sein?", gibt mir keine Antwort, weil das Sein nur der Flügelschlag der Möwe dort hinten zu sein scheint.

Ich stecke das Buch in meine Tasche und lausche rauchend dem Sonnenuntergang.

Samstag

Vegetarian Continental. Die Frühstückszimmer sind anscheinend immer zur Straße ausgerichtet. Nicht wegen der Gäste - wohl eher als Einladung für Neue gedacht. Rührei und braunes Toast mit Pilzen. Jam und Marmelade aus Plastikdöschen.

Ich will an der Küste entlang mit Fernziel Dover. Die Karte auf dem Tisch zeigt Exeter und weiter östlich Seaton. Und ich weiß genau, was mein Navi will: Hauptstraße, egal der Einstellungen ,kurz', ,schnell' oder ,sparsam'. Also Seaton als Ziel eingeben und mehrmals halten, um die Zwischenziele einzugeben.

Butter aufs Toast und die Orangenmarmelade aufgebracht. Kaffeetasse Nummer zwei.

Über Helston nach Penryn. Weiter nach Truro und St. Austell. Liskeard, Tavistock. Dann durch den Dartmoor National Park nach Exeter.

Die Pilze sind gut. Dem Rührei fehlt es an Salz.

Hier sollte ich weiterhin auf der Landstraße bleiben und nicht nach Süden und nicht die Route nach Exmouth wählen, sondern gerade aus über Sidford nach Seaten kommen.

Ich bin pappsatt und trinke den Orangensaft aus. „Packen jetzt", falte ich den Plan zusammen und nehme die Sachen aufs Zimmer.

Die Route summt bei blauem Himmel die Strecke von gestern nach Helston. Ich halte kurz und schalte das Navi ein. Weather at it's best gehts weiter bei wenig Verkehr. LKW schleichen am Hügel links hinter mir. On the road again scheint endlos.

Es geht kontinuierlich bergauf, und Schilder zeigen den National Park an. Ein weites Rostgitter in der Straße, dann Hinweisschilder auf freilaufende Tiere. Wellig schwingt sich die Weidenlandschaft auf. Wenige Bäume, aber viele Schafe, orangerot bemalt, grasend links und rechts. Manche liegen am Wegrand, käuen wieder. Ich fahre langsam an ihnen vorbei, und sie gucken nicht einmal.

Übers Gatter bin ich wieder draußen, gebe der Einspritzung zügig Benzin und weiß dann doch nicht, ob hier Schafe über die Straße laufen. Also zügel ich den Griff am Lenker.

Ich tauche gewunden in feuchte Waldtäler ein, die kurz darauf im Wiederanstieg das Mopped runter schalten lassen.

Das nächste Gatter auf der Straße bremst auf 30. Und kaum passiert, glotzt mir eine Kuh gelangweilt in die Augen. Ich schalte in den Leerlauf und halte an. Sie steht mitten auf dem Asphalt. Rechts langsam vorgefahren passiere ich den Steiß und gebe sachte Gas.

Schafe schmücken die Weide diesmal in grellgrün. Und auf dem Kamm dort oben grasen Herdenpferde miteinander.

Kurven meilen aufmerksam, und sehe ich links auf einem Kieselplatz zwei Wohnmobile bei einigen Autos stehen. Ich blinke links und halte. Große braune Pferde mit Fohlen werfen ihre Köpfe. Sie laufen zwischen den Leuten, prusten und ziehen gemeinsam zur kurzen Seite weg. Milch säugt die Kleinen, und Menscheneltern halten ihre Staunkleinen an den Händen. Friede-

stille mit Kinderkieksen. Hufe scharren im We-
delschweif. Dann folgt langsam ein Huf dem anderen nach vorne weg die Wiese runter.

Seaton. Mein Navi zeigt mir das Zentrum. Die
langgestreckte Uferpromenade hat mit ihrem
Wind die Urlauber verweht. Reihenhäuser üben
im Sonnenuntergang Charme, der mich hinter
der Strandmauer aber nicht erreichen kann. Ich
hatte den Ort zweimal umrundet, um dann den
Helm an den Lenker zu hängen.

Ob es ein Hotel oder B&B hier gebe, frage ich den
Hondafahrer, der sich gerade zur Abfahrt fertig
macht. Es sei wie es ist, antwortet er und packt
seine Angelausrüstung ins Topcase. Die Rute
sticht links außen in die Luft. Er sieht mich an
und meint, alle Hotels seien gut, zieht den Helm
auf und fährt los.

"Ist ja mal etwas verlassen hier", schiebe ich
mein Bein zurück über die Sitzbank, nehme den
Helm vom Lenker und drücke den Starterknopf.
Dann eben auf nach Lyme Regis, maybe it's a better place than this.

Zwanzig Meilen weiter duckt sich der Hügel zum
Abzweig nach rechts. Ich merke mir die Tankstelle gegenüber und fahre die Straße unter Kiefern
steil abwärts.

Sonnenfreundlich strahlt der Ort am späten
Abend. Ich parke in der Reihe anderer Bikes links
unten am Meer. Direkt oben ist ein Restaurant
mit Bed and Breakfast. Die Treppe hoch ist da
nichts frei, und sie schicken mich zum Hotel

hundert Meter die Straße aufwärts. Ich nehme Helm und Rucksack auf den Weg. Auch hier gibts keine Zimmer: Sommerferienanfang, sind sie very sorry.

Das Motorrad zurückbestückt fahre ich die Straße wieder hoch und biege die nächste rechts ab. Blicke suchen und finden dann Vacancy rechterhand. „Das wärs doch!", rufe ich mir zu.

Ich parke auf dem gelben Streifen um die Ecke rechts und gehe klingeln. Mutterfein begrüßt mich eine Dame zur Besichtigung. Es sei ein Doppelzimmer, und deshalb etwas teuer, knarrt sie die trockene Treppe hoch. Ich sei ja nunmal allein, und sie rechne mit weiteren Gästen. Dann öffnet sie die Tür zu einem großzügigen Raum und sagt mir die Pfunde pro Nacht. Janein, sehe ich sie an und vermute, dass es noch ein Zimmer mit Blick aufs Meer gäbe. Ja - sagt sie und drückt die Klinke weiter hinten runter.

"Jepp, das will ich, koste es, was es wolle", weiß ich sofort.

Das Zimmer ist großzügig. Sie zeigt mir das Bad, Dusche mit Tellerbrause. Ich gehe beinahe ungeduldig zurück am Doppelbett vorbei rechts zu den Fenstern: Meerblick von links nach rechts überwältigt mich abseits der Straße. Ich könne mein Motorrad da unten auf den Hof stellen, zeigt sie mir die Stelle. Wo ich denn jetzt stehe?

Ich hole schnell meine Sachen aufs Zimmer, fahre das Mopped die Kurve runter und schiebe es rückwärts auf die angewiesene Stelle im Kies. Bremsscheibenschlossklackern. Dann noch das Navi aus dem Halter genommen gehts ab nach oben zum Kleiderwechsel.

Das Ritual nimmt als erstes ‚das Haus‘, schnappt den Verschluss auf und dreht den Falz zur Öffnung. Das Kissen fliegt aufs Bett, dann wie aus einer Wundertüte nimmt der Schlafsack kaum ein Ende. Ich stelle den schwarzen Sack in die Ecke und betrachte das englische Bett. „Immer und überall gleich. Festgezurrt die Decken, dass man nicht einfach unter sie schlüpfen darf. Was soll das? Nie werde ich jeden Abend die schweren Zudecken unter den Matratzen freizerren, damit sie anschließend wie Blei auf meinen Füßen liegen.“ Nenee falte ich die Tagesdecke zusammen, lege sie auf die Kommode, breite meinen Schlafsack in Position und ziehe die Kissen gerade.

Ich bleibe auf der hohen Bettkante sitzen. Der schwarze Sack lehnt seinen Blick zu mir. „Ich habe das Zelt kein einziges Mal gebraucht. Ok. - ich habe aber auch nicht einen Campingplatz direkt am Meer gesehen. Und Bed & Breakfasts liegen an der Straße. Und die Isomatte? Die kann ich nächstes Mal auch Zuhause lassen. Und auch das Dreibein wartet noch auf seine Bestimmung.“

Halbnackt im Bad. Die Moppedklamotten liegen wohlsortiert bei den Koffern im Nebenzimmer. Ich muss dringend waschen und spüle warmes Wasser auf die drei Hemden mit den Unterhosen ins Becken. Ordentlich Duschgel dazu knete die Masse für Schaum. Kragenreiben. Spülen jetzt, und noch einmal.

Die Wäsche hängt am Bügel über der Badezimmertür. Ich ziehe meinen letzen sauberen Ausgehsatz an. Rucksack und Zimmerschlüssel nehmen mich Downtown.

An der Kaimauer angekommen wende ich mich rechts zum Kieselstrand. Dann doch aus dem Knirsch raus auf den befestigten Weg oberhalb. Lautsprecher schallen von weit vorn. Ich höre Lifeboat-Slogans und denke an DLRG. Applaus dann fern. Also dort hin schauen gehen.

Rote Waden schlendern breitbeinig vor mir her. An ihren Seiten schieben Muskelmänner mit bunt gestickten Armen Kinderwagen im Gespräch. Die schmale Promenade weitet sich für Restaurants und Eisgeschäfte mit Tischen und Stühlen in der tiefen Sonne. Ich blicke blinzelnd links zum Sandstrand jetzt, der auf meiner Höhe die Kiesel hinter sich lässt.

Hunderte von Menschen überall, und weiter vorn am kleinen Hafenrund sehe ich den Grund: Wakeboarding. Surfer lassen sich an einer Leine übers Wasser ziehen. Ich denke an Skilift. Hindernisse werden überquert. Dann waghalsige Sprünge, und weg ist er. Applaus peitscht meine Ohren. Und ich bin mir unsicher, wo der letzte Wakeboarder geblieben ist. Hinter der Kaimauer verschollen? Im Lautsprecher Silbensalven. Ist er verunglückt? Ich gehe ein Stück weiter und sehe eine Rampe.

"Der ist da echt rüber - das kann nicht sein!" Und schon klinkt sich der Nächste in das Seil und prescht mit lauten Sprechern nach vorn, dreht Pirouetten, gleitet auf einen Steg. Dann nimmt er die Kurve unter der Winde, der Rampe entgegen. Den Bügel kurz genommen macht er einen Satz über die Mauer und ist im tosenden Beifallsgerufe verschwunden. Lemminge? Den Kai weitergegangen löst sich das Rätsel: Lifeboote draußen sammeln sie auf.

Ich habe Hunger mit Bier dazu und gehe die Promenade zurück. Endlose Schlangen stehen vor allen Restaurants und Fish&Ships. Mein Weg sucht weniger Wartezeit. Und dann, vergebens bei der Mopped-Kaimauer angekommen, das gleiche Bild. Also die Straße hoch in einen kleinen Supermarkt.

Mein Blick auf der Mole geht einen weiteren Schritt voran und setzt sich. Ich packe das Käsesandwich aus, knacke die Bierdose. Leichter Meerwind knöpft die Jacke zu. Von rechtsvorn schallt die Wakeboardmeisterschaft herüber.

Zu meiner rechten Seite setzt sich ein junger Mann schräg hinter mich, legt seinen Helm auf die Mauer und öffnet seine Schachtel mit Fish&Chips. Ich frage den Kollegen, ob er öfter hierher käme. Ja - es sei Ferienanfang in England, und er wolle später da hinten in den Tanzclub. Was ich denn hier tue? Ich erzähle ihm von meiner Motorradtour. Ob es denn lustig sei, fragt er, auf Englands Straßen links zu fahren. Ich grinse zurück und meine, dass es anfangs schwierig gewesen sei. Und er? Kenne er Deutschland? Nein - meint er, sei aber schon several times with his Motorcycle to Europe gewesen. Das Rechtsfahren sei für ihn kein Problem. Dann steht er auf, greift Helm und Rubbish und winkt mir ein lässiges Bye.

Ferienanfang. Jaja. Dann ist ja mal gut, dass ich ein Zimmer gefunden habe. Und das Wetter scheint stabil zu sein. „Gute Gründe, noch eine Tag zu bleiben"

Sonntag.

Die Lady begrüßt mich herzlich und fragt nach gestern Abend. Ich sei bei den Wakeboardern unten gewesen. Uh yeah, meint sie, das sei definitly loud gewesen. Und sie weist mir zuvorkommend meinen Platz am Fenster. Ich erkläre ihr mein Frühstück ohne Fleisch. Sie geht raus und ich zu den Müslipackungen hinter mir, nehme Erdbeeren und Blaue in eine Schale, kippe den Packungsinhalt darüber, klackse Joghurt drauf und setze mich schälchenrührend wieder hin.

"Wie alt ist sie?", weiß ichs nicht und reiche vorgebeugt dem übervollen Löffel meinen Mund. „Anfang 60 vielleicht?", kommt sie rein und stellt die Kanne mit dem Durchdrückstempel auf den Tisch. Ich entschuldige meine Frage - ob ich noch zwei Nächte bleiben könne. „Of course", meint sie. Und ich solle mich nicht daran stören, dass morgen ihre Tochter mit ihrer zwanzigjährigen Enkelin hier Ferien machen wollen. Augenbraue hebt und Achtung nickt in ihr Gesicht. Mit leichtem Kreuz geht sie für Toast.

Meine Tasche hängt mit Buch und einer Flasche Wasser über meiner Schulter die Straße zum Strand runter. Links zur Promenade rüber blicke ich auf die Wiese oberhalb des Hafens. Unschlüssig hoch, dann suche ich unter vereinzeltem Bäumen einen Flecken im Schatten. Unten rauben Menschen mit Handtüchern, Sonnenschirmen und Zelten dem Strand jeden Platz.

Ich lese wenige Zeilen. finde Sturm und Gischt, komme kaum voran. Unangenehm drücken sich Handtücher in meinen Rücken. Kinder weinen ob der endlosen Ermahnung eines skandinavischen Vaters, aufzuessen, dies zu tun und anderes zu lassen. Ich kann nicht weiterlesen und packe meine Sachen - will Mopped fahren.

"Dark Down Hills im Norden könnte eine schöne Strecke werden." Axminster, Chard, Ilminster, Langport hieße die Route. Ich gebe als Zielpunkt Yeavill in mein Navi ein, nehme die Jacke vom Stuhl und gehe ums Haus.

Kies knirscht im Hinterhof unter meinen Stiefeln. Ich lege die Jacke auf den Kiesboden und schließe das Bremsscheibenschloss weg zur Seite. Den Schlüssel in die Zündung gedreht klacke ich den Tankrucksack auf seine Magnete und sichere ihn mit der Lenkerschlaufe. Jetzt schnell die Jacke angezogen und zugemacht. Helm auf. Der Beinschwung stellt das Mopped gerade, und ich hole den Seitenständer mit dem linken Stiefel ein. Der Startknopf orgelt kurz. Dann wrummt der Motor unter mir im ersten Gang nach vorn. Die Schuhe halten auf dem Kies mal links mal rechts das Gleichgewicht.

Bergkämme im Wald sind feuchte Einsamkeit. And open meadows are my transitorily destination.

Ungeduld rast um die Kurven, dann hinternrutschend schräge ich langsam in die Baumschatten dort oben. Im Halbgas wackelt die Vorausschau, um dann ganz kurz mit Vollgas ins Tal zu preschen. Bei 'Flood' abrupt gebremst legt sich die Maschine rutschig in die Reifen für den nächsten Anstieg. Zweimal geschaltet hakelt der Gang zunächst. Der Fuß holt runter, und dann mit Gefühl hoch in den Wald.

Lenkradkitzeln bei 120 beugt mich das Gas jetzt tief im rechten Fall zum steilen Stieg. Ich stupse links den Lenker für mehr Rechtsschräglage. Und der Gasgriff verträgt noch einen Gang zum nächsten Baumtunnel.

Pause will Halt an einer Gabelung. Ich lasse die Kupplung langsam schleifen für nach links auf eine Hofeinfahrt. Schlüssel auf aus und das Visier nach oben geschoben strecken meine Arme seitlich in die Luft, und das Hohlkreuz knackt die Wirbel. „Das war ja mal fein", balle ich die Hände zur Faust und hohle tief Luft. Dann strecken sich die Finger, als wolle ich fliegen, und ein Gähnen schüttelt meinen Helm. Ein „Ah" zuppelt die Handschuhe auf den Tank, und ich wische mir die Augen trocken.

"So - dann kanns ja wieder homewards gehen", gebe ich Lyme Regis ins Navi ein. Will weiterhin nicht die großen Straßen nehmen, was das Navi aber ignoriert. „Also wie und wohin jetzt?" Zwischenziele bringen mich nicht weiter, und die Straßenkarte unter der Tankrucksackfolie weiß auch keinen weiteren Rat.

„Ist eigentlich egal", blicke ich mich um. Kolbenruhe. Plätscherbach. Die Gabelung gibt mir drei Wege zur Auswahl unter schattig hohen Bäumen. „Dann nehm ich halt keinen".

Ausgestreckte Beine halten die Maschine im Schritt, und meine Hände schieben die Handschuhe ein Stück nach vorn, um auf dem Tankrucksack liegen zu bleiben. Die Luft raschelt ihren Wind durchs rote Laub. Ganz leicht. Vögel zwitschern unsichtbar dem Augenblick. Ich kann gerade Langeweile haben ohne Ende.

Kolbenhube nähern sich von vorn. Ein Pärchen grüßt im fragenden Blick. Dann kreist die alte BMW zur meiner Seite und steht neben mir. Wie es mir gehe - und ob ich Hilfe bräuchte, fragt er, stellt den Motor ab. Und auch die Dame auf dem Sozius klappt ihr Visier nach oben. Ich bedanke mich ganz herzlich und erkläre ihnen, dass ich trotz Satnav irgendwie die Orientierung verloren hätte.

Wo ich denn hinwolle. Nach Lyme Regis - aber ich sei nicht auf die großen geraden Straßen aus. Das verstehe er gut, und seine Lady nickt. Wo ich denn herkomme, fragt die Frau. Aus Hamburg, sehe ich sie an. Und wo ich denn in England bereits gewesen sei. Ich stocke und finde keine Worte, weil meine Reise gerade kaum Momente hat. Die Orte haben ihre Namen verloren, ich stammele was von Küsten. Dann fällt mir Maidstone als einer der Reisepunkte ein.

Nein - in London sei ich nicht gewesen. Too busy and not worth while motorcyclin', I think. And they noddingly agree. Whether I have been to Wales, und ich antworte, dass ich im Süden Englands geblieben sei bis nach Lands End. Dass ich paar Tage dort in Cornwall war, jetzt aber on the way back home sei. But without any hurry.

Er zeigt auf meinen Helm. „A Boxer like mine" grinst er, und zieht sein schwarzes Visier nach unten. Das sei in England nicht erlaubt, meint er, und ich frage mich, wie man damit in die grün-schwarzen Waldtunnel eintauchen kann, versichere ihm aber, dass der real cool aussehe.

Ich solle der Straße links folgen, käme an eine Kreuzung für rechts. Und dann lange dem Weg folgen. An einem small Airport vorbei könne ich dann wieder das Satnav einschalten. Ich werde das schon finden, startet er den Boxer, und wir wünschen uns herzlich eine gute Fahrt.

Lifemusik wubbert über die Strandkiesel von Lyme Regis. Der zweite Tag der Liveboat-Woche nimmt die Feriengäste nach dort hinten in den Hafen.

Mit wenig Geduld bekomme ich heute Chips ohne Fish an der Kneipe bei den Moppeds, und ohne Essig, nur mit Salz. Ich gehe die Kaimauer runter und setze mich auf die Steinkante zum Meer. Die Sonne hat den Horizont durchquert. Sie zieht ein laues Lüftchen hinterher.

Meine Finger greifen in weiche salzige Pommes Ich denke an vorhin. Wieso sind mir alle die Orte entfallen, durch die ich gefahren bin, konnte den beiden in den Downhills nur bruchstückhaft von meiner Reise erzählen. *Ist meine Fahrt nur Träumerei? Ja - denke ich - auf eine Weise ja. Und ich will den Gedanken ans Wirkliche aufs Vorhin verschieben.*

Deckel auf und zu für jeden Pommesstiel. Die Möwe neben mir watschelt links- und rechtsäugig näher. Jetzt bin ich satt - aber gut war diese Darreichung der Kartoffel beileibe nicht. Der Müll geht fußstapfig über Kiesel in die Tonne.

Die Möwe hat sich eine andere Futterstelle ge-
sucht.

Steine drücken sich unter meinem Gesäß auf einem Wall in zweiter Reihe. Der erste ist der Ebbe
vorenthalten. Das Buch auf den Beinen will
Krieg, und Dänen halten sich raus. Schicksale mit
vielen hunderttausend Toten. „Welche Botschaft
hat das Buch? Geht es um Hass und den Stolz der
Nationen?" Ich weiß es nicht und brauche wohl
noch 500 Seiten für eine Erkenntnis.

Aufregung im Wasser vor mir. Zuerst picken Mö-
venschwärme in die Kieselsteine am Wasser.
Dann kommen Angler, die ihre hakenbestückten
Seile in den Meerschaum werfen. Ich packe das
Buch der tausend Tode in die Tasche und sehe
mir das an. Sie holen Makrelen aus der See. Bei
jedem Einwinden zappeln drei große Silberkör-
per an der Leine. Schon wirft die nächste Rute
raus und füllt die Eimer. Jagdblicke ohne Worte.
Die Gelegenheit tötet.
Ein Schwarm kleiner Fische sei angelandet. Wohl
auf der Flucht vor den Makrelen, höre ich die
Worte um mich rum. Da könne man nicht anders
als das zu holen, was zu holen sei. Langsam
nimmt die Aufregung ab. Die Angler tragen stolz
Eimer und Tüten weg. Dann kommen die Möwen
wieder und holen sich die Reste.

Montag
Lyme Regis saugt kühle Luft aus dem Kanal mit
Verbeugung vor dem Sonnengott.

In den Gärten oberhalb des Orts traue ich mich nicht aus meiner Jacke: Entweder rötet mir die Sonne das Leder oder der Kaltstrom tupft es mir erhaben.

Der Strand unter mir füllt sich wieder, bis er zu platzen scheint. Schirme, Halbzelte und Menschenskinder liegen in der Bucht vorm kleinen Fischerhafen. Szenen wie gestern.

Auch der Garten hier oben füllt sich zunehmend, und ich packe das Buch in meine Tasche und mache mich auf den Weg zu meinem Mopped.

Der B&B-Vater sitzt im Hinterhof und schlägt auf Backsteine ein. Nimmt sich den nächsten vom Haufen, schaut gedreht mit leichtem Schwung, und sein Hammer klackert Mörtelreste zu Boden. Dann legt er den roten Stein auf den Wall zu den anderen. Ich sage ihm ein Hello und lege den Rucksack auf den Tank.

Den mittleren Schornstein habe er abtragen müssen, sagt er, steht auf und mustert mich. Was er mit den Steinen machen wolle, frage ich. Eine Mauer bauen, direkt hinter mir. Eine Gartenmauer. Blumen sollen dann dahinter rein. Auch wenn man Rentner sei, gäbe es immer was zu tun. Wo ich denn hinwolle. Und ich zeige ihm auf der Karte die ungefähre Tour. Ich solle weiter nach Osten fahren, meint er. Nach Sturminster Newton. Da seien Hügel in wunderschöner Landschaft. Dann setzt er sich wieder und klopft Steine.

Gleich hinter Lyme Regis biege ich bergauf nach Osten ab, um kurz darauf in wellige Tallandschaften abzusteigen. Bäume grünen zart wie im Frühling links und rechts. Ein Schild 'Flood' dann wieder, wohl noch von letzter Woche.

Kurz nach der Senke gehts in stetem Wechsel, fast wie kleine Serpentinen, 16° die Straße rauf. Der Kamm ist steil, ich schalte zweimal runter. Kurz gebremst nehme ich die Last nach links und beschleunige die lange Kurve.

Ich muss das staubige Visier nach oben klappen, um die Einfahrt in den dichten Wald zu sehen, gehe vom Gas und tauche in ein Dunkel ein, das mein Scheinwerferlicht von den Mauern links und rechts zurückwirft. Die feuchte Straße lässt mich nur langsam im Zweiten fahren. Dann schiebe ich auch den Kinnbügel hoch und atme Luft voll tiefer Baumerde und Moos.

Steile Seiten senken sich zu einer Geraden aus dem Dunkelgrün ins Licht. Ich schließe den Helm vollständig und gehe auf 120.

In der Ortschaft lockt ein Gasthof für einen Kaffee und Entspannung. „Ja", denke ich „schön zu fahren, aber auch anstrengend. Das kriegt man irgendwie garnicht mit". „A cup of coffee please. Just black", lasse ich 2£ zurück und setze mich auf eine Holzgarnitur im Hof. Engländerinnen halten Gespräch, und die Männer geben ihr Bestes, es ihnen abzunehmen.

Die Jacke wieder angezogen sage ich wie jedesmal vorm Starten das Wort: 'Linksfahren'. Und denke: „Das von vorhin darf nicht nochmal passieren." Vom Navi irritiert wusste ich weder links noch rechts und fand mich unvermittelt auf der rechten Seite in front of a Range Rover wieder. Die Fahrerin war ungeduldig und wusste mit der Situation nicht umzugehen. Na - in deutschen Landen hätte ich auch sehr verwundert aus dem Auto geguckt, wenn sich ein Moppedfahrer auf meine Seite verirrt und dann einfach stehen bleibt.

Rechts abgebogen und linksgespurt verlasse ich die Ortschaft, und das Straßensurfen geht weiter. In Sturminster Newton gebe ich die Heimadresse ein, stelle sicher, dass ich nicht auf Motorways gerate und fahre der tief stehenden Sonne entgegen. Ich hätte mein Visier mal sauber machen sollen.

Dienstag

Vollbepackt reite ich ostwärts in dichtem Verkehr und verstehe allmählich, wie die Nummerierung auf der Straßenkarte funktioniert. A heißt gut, B steht für schlechte Fahrqualität. Auf den Buchstaben folgen Zahlen. Sind die zweistellig, ist das eine große Straße, die durchaus Autobahneigenschaften haben kann. Die dreistelligen sind zweispurig und kleiner. Manchmal sogar richtig eng.

Mein Navi sucht immer die Zweisteller, und ich weiß nicht, wie ich dem Teil das austreiben kann. Kaum nehme ich eine Nebenstraße, will es mich mit stoischer Ruhe auf die Hauptstraße lenken. Zwischenziele eingeben - anders geht das nicht.

Die Strecke nach Dorchester trägt seine Kurven geschmeidig in den Lenker, und zweimal gefahren lernt.

Jetzt bin ich seit geraumer Zeit langgeweilt auf vier Spuren unterwegs und will nicht mehr. „Naja - die 280 Kilometer nach Hastings können ja auch mal einen Zwischenschwung gebrauchen", halte ich für eine Raucherrast.

Weiter dann vor Southampton kickt mich das Navi in die Stadt, weil ich 'Autobahn vermeiden' eingegeben hatte. Links und rechts vor und nach jeder roten Ampel reihen sich Bilder von Industrie, Raffinerien, riesigen Schrottbergen und verlassenen Häusern in meine Augen. Hinter Ölreservoirs pumpen mächtige Tanker ihre Ladung um.

Die Straße hügelt dann leicht im Postschrott der Trostlosigkeit. Landschaft malt jetzt etwas schönere Bilder, auch wenn in den Buchten zu beiden Seiten halbabgesoffene Kähne im Wasser liegen.

Ich habe lange in den scheinbar endlosen Stadtstraßen zugebracht und biege endlich auf die gut ausgebaute nach Portsmouth ab. Und schwungvoll nimmt die Dreistellige mich auf Kurs.

An einem Altenheim mit Biergarten halte ich an, fahre die Maschine in die Parklücke, klappe den Seitenständer aus und verharre erst einmal im Nichts. Mein Körper will wiedergefunden werden. Ich schiebe nach einer Weile das rechte Bein über die Sitzbank, zuppel die Handschuhe darauf, nehme den Helm ab und hänge ihn an den Lenker. Die stehende Hitze knöpft alsbald die Jacke auf. Handschuhe im Helm nehme ich den

Tankrucksack an mich und besorge mir einen Kaffee für einen Schattenplatz im Stehen.

Ein Typ auf der Straße packt Gehstöcke in seinen Rucksack und macht sein Motorrad startklar. Ich schlendere zu ihm, während eine grauberockte Frau ihn freundlich für den Rucksack fragt, um ihn in ihr rotes Auto zu packen. Angekommen sehe ich in das junge Stoppelbartgesicht mit einem freundlichen 'Hello'. Er antwortet 'areyou' und setzt den Helm auf. „Is it your's?", zeigt er auf mein Mopped. „Yes, I like the old English style", smile dabei auf seine TRIBSA, eine 500er Triumph - Zweizylinder mit hochgelegten Auspufftöpfen. „It's looking great", sage ich mit der Vermutung, dass sie sich mit Sicherheit im Sound sehr von meiner unterscheiden werde. „Yes", guckt er stolz, drückt an den Vergasern und tritt einmal das Anlassergestänge in lautem Knall. Rückwärts geschoben legt er den ersten Gang ein, hebt den Helmkopf zum Abschied und hinterlässt ein fast musikalisches Geklackerdröhn.

Bognor Regis soll mein neues Zwischenziel sein. Die breite Küstenstraßen schlängelt mich nach Brighton. Manches geht. Vieles staut im Nachmittagsverkehr. Moppeds mit gelben Kennzeichen überholen mich, ziehen einfach an der Stauschlange vorbei. Vollgepackt zögere ich und lasse dann doch den ersten Gang an der Reihe vorbei. Und dann vollzieht sich ein Wunder. Die entgegenkommenden Autos scheren nach rechts aus und geben Platz. Und auch der Stau vor mir lässt mich linkslückend passen. Keiner hupt oder schreit fuchtelnd aus dem Fenster. Im Gegenteil, sie winken aus den offenen Seitenfenstern für ein ,Go ahead man'.

Brighton. Der Reiseführer preist es als Hochkultur der Badelandschaft. Ja - denke ich - die kilometerlang aufgereihten Was-Ich-Alles-Fürs-Baden-Brauche-Sammel-Boxen-Häuschen bunten sich nett am Badestrand. Doch weiter vorn taucht ein Ungetüm aus dem Meer vor mir auf. Rostgestrauch gigantisch, hundert Meter weit im Meer, fahre ich jetzt direkt dran vorbei. Was ist das? Und dann weiß ich es als einstige Vergnügungsinsel. Brighton. Abgebrannt?

Eine Meile gefahren baut sich vor mir das neue Brighton auf, mit Riesenrad wie ein Portal. Die Häuser zeigen wieder frisches Weiß, und ich muss langsam fahren wegen der vielen Menschen, die zum Vergnügungspark aufs Meer zuströmen. Ich lächel ein „Jaja, die werden schon alle wieder zurückfinden" in mich rein und bin mit einem Mal ganz unsicher berührt. Die Menschen scheinen nicht zu gehen, sie fließen umeinander. Sie schwärmen eng wie Fische ihrer Richtung entgegen, weichen anderen Schwärmen aus. Sie schwänzeln einen Bogen um Einzelschicksale und seltsam - sind sie nicht ein Strom von Individuen, jedes in seinem eigenen Gedanken gefangen? Erzählen sie sich ihre Schicksale?

Die Fahrt wird geschmeidiger und hebt sich wieder in sanften Kurven. Überholen findet nur noch selten im Stau statt. Und unerwartet breitet Seaford eine unbegreifliche Landschaft mit grünweichen Hügeln und Schafstupfern aus. An der kleinen Brücke mache ich kurz Halt für ein Foto, da, wo sich das Wasser wie nie gesehen zum Meer mäandert.

Ich bin jetzt acht Stunden unterwegs und an meinem Ziel - Hastings - angekommen. Die steilen hausbebauten Hügel rauf- und wieder runtergefahren, finde ich keine Unterkunft. Und noch einmal umrundet gibt es tatsächlich nirgendwo ein B&B. Dann fallen mir Schilder an den Häusern mit ‚To Sell' auf. Und auch die leeren Straßen. Der Ort scheint sich auf die Berge zurückgezogen zu haben und lässt den Kern am Meer verrosten.

Unten, da, wo die Kieselkinder sich verlaufen, trauert mein Sein.

Nee - hier bleibe ich nicht, gebe ich jetzt Rye ins Navi ein und finde wieder Spaß am Fahren, obwohl mir das Gesäß mittlerweile häufige Lageänderungen befiehlt. Straße durch Wälder und Weiden, mal 14° hoch und dann gleich wieder runter.

Rye. Zweimal erkundet stelle ich mein Motorrad an einer kleinen Baustelle in der Mitte des Orts ab. Oben soll es ein B&B geben. Ich gehe das steile Pflaster aus kleinen Kieselsteinen hoch und klingele für Unterkunft.

Ach das Schild! Jaja, es sei was frei, sagt der Hotelier, aber das Zimmer sei sehr klein. Insbesondere für eine Person. Ich sei doch allein, oder? Egal, er werde es mir zeigen. Über den Preis

müsse man sich einigen. „You are cheating me"
Und ich sehe, wie er die Treppe hoch grinst.

Vier Meter breit, acht Meter lang und zwei Türen
hoch mit Holzbalken da oben. Das Interieur dunkel, und als ich mich nach rechts wende, steht da
ein Himmelbett mit schwarzem Bettbezug. Es sei
groß genug für mich, also, das Zimmer. Ja, ich
nehme es. Wir werden uns mit Handschlag über
den Preis einig.

Ich schreibe mich ein. Einen Parkplatz gäbe es
auch - und er gibt mir eine Wegbeschreibung.
Koffer hoch, Mopped geparkt und im Supermarkt
zwei Bier, Wasser, Käse, Brot gekauft, sehe ich
mir den beschaulichen Ort an.

Jetzt sitze ich abseits der Touristenströme auf
einer Bank bei der Kirche oben. Tauben gurren
hinter Zigarettenrauch und schlagen knöchern
ihre Flügel.

*Brighton. Bild vor der Ampel wartete hunderte
von Menschen vorbei. Kinder kieksten. Hände
hielten. Arme mit Tatoos klopften auf Schultern.
Gespräche schallen Lachen ins vorbeiziehende
Gesicht. „Sie suchen das Vergnügen hinterm Riesenrad", rasseln meine Gedanken über den hei-
ßen Krümmern meiner Maschine.*

*Und langsam gehen die Gedankenstillen, die mit
dem gesenkten Blick. Sie suchten einst das Glück
und finden nur den abgebrannten Rosthaufen
hinter mir. Und ich sehe den Fischschwarm von
Lyme, die Makrelen in ihren Augen und die Angler, die Jäger, die ihre Eimer füllen. Der Beute-
himmel dunkelt blau in meine Gedanken und die
Kirche vor mir konturt langsam ihren spitzlosen*

Turm. Meinsein ist nicht Deinsein. Vielleicht kehrt ihr alle in Eure Häuser zurück. Jeder einzelne von Euch.

Meine Family ist wieder zu Hause, so die Email von geradeeben. Eiswelten und heiße Quellen waren ihr Leben. Ihre Augenwelten sind auf meinem Bildschirm Fotos. Ihr Überwältigtsein nur Farbflecken mit ein bisschen Text auf meinem Display. Ich freue mich auf ihre Geschichten, wenn ich wieder zu Hause bin.

Mittwoch

Das gigantische Schlafgemach entlässt mich fürs Frühstuck. Ja - ich habe sehr gut geschlafen. Kaffee? Danke ja. Ham? Nein, bitte vegetarisch. Als meine obligatorische Müslischale leer ist, dampft bereits das üppige Frühstück vor mir. „Oje", denke ich, „das werde ich mir niemals angewöhnen können", und esse fast alles auf.

Ich stehe vor der Tür des Guesthouse und rauche meine Selbstgedrehte, als die Frau von gegenüber des Frühstücktischs nach außen tritt und sich eine ansteckt. Ob sie schon länger hier in Rye sei, frage ich, und sie sagt etwas von Hastings und der Abwicklung eines Hausverkaufs dort. Sie und ihr Mann bräuchten dringend eine Abwechslung, und dies sei ja hier ja schließlich DIE Adresse am Ort. Ja - ich sei gestern in Hastings gewesen mit der Absicht, ein B&B zu finden, hätte aber gemerkt, dass der Ort nicht zu mir passe. Er sei verlassen und verkommen. Also sei ich hierhin weitergefahren.

Sie holt ihr Päckchen aus der Tasche und dreht sich fix noch eine Dünne. Das sei richtig, was ich sage, aber auf den Hügeln sei es noch sehr schön. Ich erzähle ihr von meiner bevorstehenden Abfahrt, und wir wünschen uns einen schönen Tag.

Ich will dann doch noch einen Tag bei diesem schönen Wetter in Rye bleiben und frage für Verlängerung des Zimmers, was aber mit Bedauern verneint wird. Jedoch hätten sie noch ein anderes. Ich müsse also umziehen. Ob ich es mir ansehen wolle. Wir gehen runter ins 'Elders Dungeon'. Ich bücke mich unter den Deckenbalken der letzten Stufen ins kühle Dunkel nach rechts. „Groß ist der Raum ja", denke ich. „Und es sind weder Handschellen am verschnörkelten Gitter des Kopfendes - " fällt mein Blick auf das Doppelbett „noch hängen sonstige Folterinstrumente an den Wänden".
Der Hotelier blickt mich an, ich sage „Yes - you're right, it's special, but I'll take it", und wir geben uns wie gestern zur Abmachung die Hand.

Der sonnendiesige Himmel bebrütet den Ort. Ältere Herrschaften verschnaufen auf den Treppenstufen der Hauseingänge im Schatten. Ich gehe den blumen- und kräutergesäumten Weg hinunter, biege nach rechts in die kleine Straße, laufe vor bis zum Parkplatz und versichere mich der vollständigen Anwesenheit meines Motorrades. Im Supermarkt bezahle ich zwei Liter Wasser, stecke sie in die Umhängetasche zu meinem Buch und schlendere die Wege wieder hoch. Der Ort ist voller Menschen, und Kinder zuppeln auf deutsch, englisch, französisch oder dänisch an den Armen ihrer Eltern auf die Steilheit der Wege. Freigelassen schwärmen Schulferien fröhlich lärmend durch die Gassen. „Die war spanisch", und ich vermute einen Busbahnhof in der Nähe.

Oben bei der alten Wehranlage blicke ich auf ebbeleere Kanäle.

Die Geschichte des dänischen Buchs erzählt jetzt den zweiten Weltkrieg. Granaten blitzen tausend Tode in den Häfen Englands. Massaker der Seefahrerei. Was soll das? gibt der Autor keine Antwort.

Mein Blick löst sich von den Seiten hoch zur Kirche, deren Beleuchtung mittlerweile ein Scheinwerfer übernommen hat.

15 Tage bin ich mittlerweile unterwegs. Tage der Beobachtung und des Suchens. Der Einkehr und des Seins. Ich schicke mich in die Fremde und fand mich da. Meine Gegenwart begleitete mich und gab mir Nebelregensturm und Sonnenschein. Burgen auf grünsatten Hügeln. Kalten Moderwald, Abgase in überhitzten Städten. Das Rauschen des Wasserfalls. Das Tschappap der Dämmeramsel direkt neben dem Motorradstiefel. Und ich war niemals allein.

Das Lesezeichen klemmt im Buch von Schicksalen, wenn der Tod vom Meer kommt. Von Hinterhältigkeiten, wenn der Tod vom Menschen kommt. Ich muss aufmerksam sein. Bisher starben immer nur die anderen. Nicht nur in dem Buch. Wer bin ich, hier in Rye?

Morgen fahre ich nach Hause. „In einem Rutsch",
beschließe ich. „840 Kilometer. Mal sehn, ob das
geht."

Donnerstag

Der Frühstückssaal mit seiner hohen Decke ist leer bis auf ein Pärchen hinten in der Ecke. Ich gehe zum Tisch von gestern und sehe das Schildchen ausgetauscht zu Elders Dungeon. Klassische Musik tröpfelt wieder von nirgendwo. Bach? „Ja - das 2. Brandenburgische Konzert.", setze ich mich, den Stuhl unter mir nach vorne gerückt.

Was ich frühstücken möchte, fragt die blonde Schlanke von gestern, and wether I had a pleasent night. I affirm and we have a smile. Ob ich wieder Pilze haben wolle. Nein Danke, die seien wirklich gut gewesen, aber heute wäre mir eher nach einer großen Portion scrambled eggs zumute. Sie schreibt was auf den Block und kommt kurz darauf mit einer Bodumkanne Kaffee zurück. Sie habe vergessen zu fragen - aber das mit dem Kaffee sei ok., oder? „For shure" antworte ich, und ob es Käse gäbe. Ich müsse heute weit fahren und wolle gut gefrühstückt haben. "Where're you goin'?" - „Back home to Hamburg, taking the Eurotunnel".

Es ist zehn Uhr. Ich summe die Ausgangstür am Schalter frei und trete hinaus auf den Kieselpflasterweg mit seinen Blumenkübeln Der Helm baumelt im Arm. „Wie gehe ich vor?", fällt mein Blick prüfend auf den Weg runter zur Straßenbaustelle. „Wo soll ich das Motorrad beladen - da unten, oder hier oben?" Schulterzuckend lege ich den Helm auf einen Mauervorsprung, setze mich auf die schattigen Stufen vor dem Nebenausgang für Elders Dungeon. Zigarettendrehen.

„Hier hoch und in der kleinen Bucht vor meinen Füßen geparkt? Wäre allerdings kein einfaches

Manöver" klackt das Feuer für Rauch. „Ich müsste sehr zügig hier hoch fahren, ein Stück oberhalb halten, und dann im Rückwärtsrollen die Vorderradbremse so kontrollieren - den Lenker rechts eingeschlagen und sofort wieder links - dass die Maschine auf dem schrägen Plateau genau hier rein passt. Ja, Ok. - so könnte das funktionieren".

Ich stiefel vor der Baustelle rechts zur Kreuzung zum Parkplatz. „Byby England", streife ich den Helm auf den Kopf, löse die Schlösser, rufe ein „Here we go" und drehe die Runde hoch zum Hotel.

„Das war einfach.", stelle ich das Mopped in der Rückwärtsschräge vor die Dungeantür. Der Seitenständer sucht noch Halt. Dann vor und zurückgeschoben steht das Teil jetzt gut und sicher.

Ich denke mir die Koffer dran, das Haus, das Topcase und den Tankrucksack. „Hm - hier musst du auch wieder wegkommen", sage ich zu mir und blicke den Weg nach oben. „Schwierig. Sauschwierig", nicke ich vor mich hin „mit dem Gepäck die Balance zu halten". Ein Stück hochgelaufen begutachte ich die Möglichkeit zum Wenden nach unten „Die Hofeinfahrten würden genug Platz geben, links wie rechts. I think it will work."

Ich zahle an der Rezeption die Rechnungen und frage, ob es ok sei, mein Gepäck durch die Seitentür nach draußen zu bringen. Es sei alles gut so, und ich möge machen, wie ich denke.

Die Schalenkoffer klaffen ihre dunklen Mäuler für Gepäck und fressen die Abteilungen, eine nach der anderen. Ein Rundgang noch an Steckdosen vorbei ins Badezimmer: alles versammelt. Die Koffer klacken unter meinen Knien ins Schloss. Dann öffne ich das Verließ zur Sommerluft, stelle einen der Koffer als Offenhalter in die Tür und bestücke das Motorrad mit Gepäck.

„Jetzt kommt die Zeit der Hitze", ziehe ich im Zimmer die Hose an, streife die Träger über meine Schultern, die Jacke darüber.

Das Handy! raschel ich nochmal zum Sideboard. Und mit einem „nun ist gut mit Einsammeln!" hänge ich den Türkoffer auf die andere Seite des Motorrads ein. Elders Dungeon fällt ins Schloss.

Wärme wallt im Anzug, als ich nochmal ins Innere muss, um die Riegel der Tür zuzuschieben. Zurück und hoch klockert der Zimmerschlüssel auf dem leeren Tresen mich nach draußen.

Aufregung muss Ruhe sammeln. Es ist jetzt kurz vor Elf. Die Jackentasche gibt mir nochmal Tabak auf den Schattenstufen.

„Mutig, da hoch", folgt der Blick meinen Gedanken.

„Schaumama, wird schon gehen", antworte ich mir.

„Und heute alles in einem Rutsch zurück?"

People are passing by, watching me.

Ich schleife das Bein über den Sattel, scheuere den Hintern für einen guten Sitz und richte die Maschine im Handgebrems ins Lot. Schräger

Kieselschlag, ich weiß. Die Einspritzung sumselt kurz unterm Starterknopf. Knababb-burumm.

„Spiel, mein Gasgriff, spiel mit der Kupplung!" lege ich mich unnatürlich leicht nach rechts. Das Mopped baumelt die Stiefel vorsichtig über die Steinknubbel nach oben. Grenzwertig waghalsig balanciere ich das Wackelding zum anvisierten Dreh. Und im Linksgeblick dann doch nicht: Ein Baufahrzeug steht hinter mir.

Stückliges Rückwärtsrollen in Gegenlast: Nur nicht Kippeln. Ja – genug, das reicht.

Der Lenker will Kraft, eingeschlagen rechtsgedrückt, im Oberkörper auf die Seite. Und im Umgefallen jetzt Gas! Los - Hinauf! beschleunigt mich die Freiheit der Kupplung aus dem Kippefall zum aufrechten Geradeaus hoch an den Linksabbieger. „Guuht gemacht", atme ich aus.

Heading for Folkestone über gerade Straßen mit vielen Kreisverkehren Richtung Osten. Dann weist ein Schilderwirrwarr mich nach Nirgendwo im Bogen um sich selbst. Ich schalte das Navi besser aus.

Terminals voraus bremsen mich bald. Es sind nur wenige Fahrzeuge hier.

Nach Calais - ja. Die Frau ist freundlich. Ich schalte den Motor aus. Ob ich hier mein Ticket für den Zug kaufen könne, frage ich in Englisch, und sie antwortet etwas auf Französisch. Nein - französisch verstehe ich nicht - ob ich hier richtig sei für den Eurotunnel.

Ja - hier gäbe es das Ticket. Wo ich denn gewesen sei mit meinem Motorrad. 79 Pfund. Oh - Landsand, uih, bon, en je...

Welchen Weg ich denn nehmen soll, unterbreche ich sie ungern, da sich vor mir ca. 16 Fahrspuren auftun. „Hey my dear, its line number ten. Take that paper, place it inside your bag, please. So long. Feel fine. Go ahead. Bonjour."

Ich schiebe das Paper unters Klarsichtfenster des Tankrucksacks und nehme die Fahrbahn down to line No. ten.

Warteschlange da. „Hinten anstellen?", verneine ich in der gewohnt bevorzugten Art für Motorradfahrer.

Vor der roten Ampel parke ich das Mopped auf die linke Seite, klappe den Seitenständer aus, schlüpfe von der Sitzbank und lege die Handschuhe drauf.

Spur sechs bekommt Grün. Der Helm baumelt am Lenker. Spur sieben wartet die Kolonne lang, und ich hänge meine Jacke über die Lampe. Spur sieben grünt und schickt die Autos in die langgezogene Rechtskurve. Ein Ordner kommt auf mich zu, schaut auf meine Transferkarte und weist mich an, dann, wenn Spur zehn dran sei, die Autos erst passieren zu lassen. Ich dürfe erst nach dem letzten Auto los. Wie lang das denn noch dauere, frage ich. Schulterzuckend spricht er etwas in sein Walkie-Talkie und dreht ab.

Halbeins jetzt geht Spur zehn an den Start, und kaum habe ich Jacke, Helm und Handschuhe angezogen muss ich los. Spur elf ist freundlich und wartet auf mich.

‚Linksran!' winken Ordner beim Eurozug, und deuten an, ich solle warten. Line eleven passes by. Ein weiteres Motorrad stellt sich grummelnd hinter mich. Dann geht auch dort der Motor aus.

Der Zug schluckt Auto für Auto in seine Seite. Ich bleibe sitzen und frage mich, wie's weitergeht.

Ein Pfeifentrill fordert uns zur Einfahrt auf. Ich kurve wackelig die kleine Rampe hoch, fahre zwei Waggons nach vorne zum Halt. Nein - nicht links, nicht rechts - in der Mitte solle ich halten, gestikuliert ein Mann mit dickem Bauch mich schräg zurecht. Das andere Motorrad stellt sich brav dahinter.

„Hello!", sage ich den beiden. Wir ziehen Helme und Handschuhe aus, geben uns die Hände, sagen unsere Namen. Sie seien aus Geneve, über Spanien nach England gekommen. Nein - sie würden kaum deutsch sprechen. Wir bleiben Englisch.

Sie seien mit der Fähre von Lissabon nach Southampton gefahren, und von dort weiter nach London, eine Cousine besuchen. Doch dann wollten sie unbedingt vor Beginn der Olympiade wieder zurück.

Der Zug setzt sich in Bewegung.

„Nach Genf?" Nein, nach Paris, dort werde er seine Frau zurücklassen. Weitere Verwandtschaft. Aber er müsse dann nach Genf, arbeiten.

Ich bewundere die Honda TransEurope und frage sie, wie sie mit lediglich drei Koffern so lange unterwegs sein können. Es gehe, meint er, solange es trocken sei. Und sie hätten bislang Glück gehabt. Dann erkundigen sie sich nach meiner Reise, und ich erzähle ihnen von Regen, von National Parks. Von Sonne. Vom Alleinsein, das schön sein kann.

Der Zug bremst ab. Wir ziehen unsere Jacken von den Maschinen und plürren uns an. Ganz weit vorne zeigt ein Waggon Tageslicht. Autos starten die Motoren. Die Helme aufgesetzt rufen wir uns noch eine gute Reise. Dann fahre ich vor, kurve nach links übers Blech auf die Straße.

Die Zollhäuser sind leer. Keiner will meinen Pass. Und mit einem Mal bin ich irritiert, weil ich mich rechts halten will, doch die Raststätte den Ausbieger linkswärts führt. Na- wie auch immer – eben links. Die Genfer winken auf der rechten Seite, und ich gebe ihnen eine hohe Hand zum Abschied.

An der Tankstelle beruhige ich mein schlechtes Gewissen: „Luft, die Reifen brauchen dringend Luft." Ich nehme den Schlauch auf die Ventile - und tatsächlich! Der Knick des Adapters passt wieder an den Bremsscheiben vorbei - ohne dieses lästige Münzgesuche für den Automaten, der mir niemals helfen konnte.

Tabakzupfen für eine Zigarette. Die Reise geht zu Ende. Jetzt nur nicht melancholisch werden. Hast schließlich noch 800 Kilometer vor dir! „Das geht, und ich will. Das Wetter ist fein. Ein Ritt - ja - ein schöner Ritt.", weiß ich.

Wie war ich aufgeregt mit all dem Zeugs, das an dem Mopped festgeschnallt ist. Damals - ? -, als ich losgefahren bin. Das Unbekannte hatte sich in mich gebohrt. Wo schlafe ich? Kann Linksfahren unbeachtet eine Katastrophe werden? Komme ich mit mir zurecht? Wer bin ich, wenn ich mit mir alleine bin?

Ich schiebe das Bein übers Mopped, ziehe den Helm an, dann die luftigen Handschuhe über die Hände, lupfe die Maschine mit ihren Koffern in die Senkrechte, halte die Bremse mit der Rechten, klappe mit dem linken Stiefel den Seitenständer ein. Im Kreuz gestreckt schnappt der Kinnbügel nach unten.

Acht Stunden werde ich fahren, und zwei Stunden Pause haben. Jetzt ist es 14 Uhr. Wenn alles gut geht, bin ich um Mitternacht zuhause.

Schlüssel auf ‚on‘ will die Einspritzung Funken sehn. Das Tacho dreht seine Pirouette, dann drücke ich den Startknopf für Nachhause. Krung. Krungschung bufft der Motor unter mir.

Frankreichs Kilometer sind kurz. Aber Belgien hört nicht auf. Getreideernte fegt das Stroh über die Autobahn. Tanken auf dem ‚Kontinent‘ füllt nach 200 Kilometern auf voll.

Holland fällt kaum auf. Und ich fahre über Kempen und Duisburg Richtung Münster.

Abendsonne hier mit Pause. Die Luft wird kühler. Im LKW-Brummen um mich herum nehme ich die Vliesjacke aus dem linken Seitenkoffer, tausche die Handschuhe gegen die Dicken aus dem Topcase. „Komm Pferdchen", denke ich. „Die 300 Kilometer werden wir noch schaffen!"

Dämmerung bei Bremen. Der Wind legt sich. Nochmal tanken unterbricht das Nichtsein kaum. „Ich bin gegen Mitternacht bei Euch", rufe ich zuhause an. Wir freuen uns.

Rosengarten stockt im Dunklen. Kurz darauf weckt mich das Hamburger Hafenlicht mit seinen tausendhohen Vielcontainern.

Abbremsen zum Elbtunnel, gleißende Einfahrt mit drei Kilometer Warmluft. Ich schüttel mich, weiß nicht warum, und der Hintern rutscht unruhig auf der Sitzbank.

Es ist Sternenklar.

Die meinen schlafen.

Kies knirscht unter meinen Stiefeln.

Es geht.

Terminal in Calais
Fähre nach Dover

DRAIN OPENING
DO NOT COVER
OR OBSTRUCT

Stonehenge
Exmoor

Nächste Seiten: Minehead
Übergang zu Tintagel-Island

Tintagel. Ruine auf dem Festland
Tintagels Bucht bei Ebbe

Tintagel-Island. Blicke von der Halbinsel

St. Ives
St. Ives oberhalb des Friedhofs

Lands End

Steinkreise in Penwith

Penwith

St. Michaels
Lizard Point

Dartmoore National Park

Eaton

Auf den nächsten Seiten Rye